觀掌知心

掌丘掌紋篇

蘇民峰

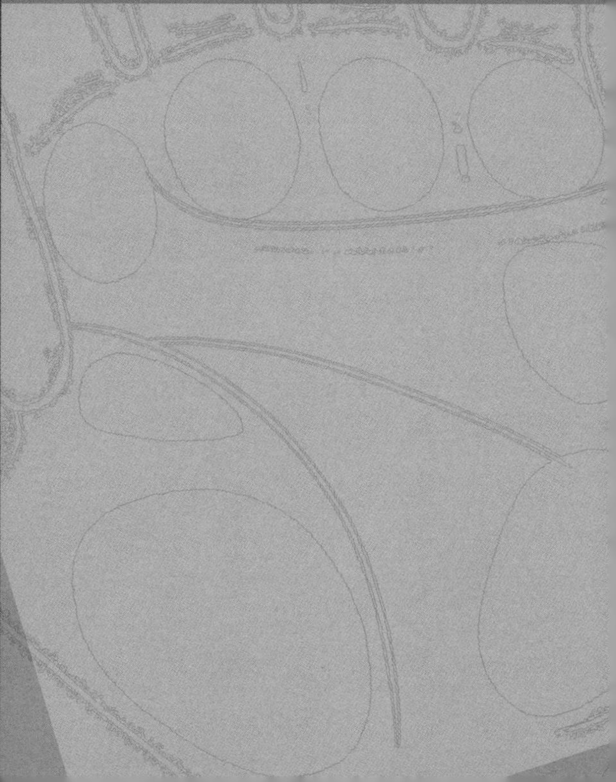

圓方立極

「天圓地方」是傳統中國的宇宙觀，象徵天地萬物，及其背後任運自然、生生不息、無窮無盡之大道。早在魏晉南北朝時代，何晏、王弼等名士更開創了清談玄學之先河，主旨在於透過思辨及辯論以探求天地萬物之道，當時是以《老子》、《莊子》、《易經》這三部著作為主，號稱「三玄」。東晉以後因為佛學的流行，佛法便也融匯在玄學中。故知，古代玄學實在是探索人生智慧及天地萬物之道的大學問。

可惜，近代之所謂玄學，卻被誤認為只局限於「山醫卜命相」五術及民間對鬼神的迷信，故坊間便泛濫各式各樣導人迷信之玄學書籍，而原來玄學作為探索人生智慧及天地萬物之道的本質便完全被遺忘了。

有見及此，我們成立了「圓方出版社」（簡稱「圓方」）。《孟子》曰：「不以規矩、不成方圓」。所以，「圓方」的宗旨，是以「破除迷信、重人生智慧」為規，藉以撥亂反正，回復玄學作為智慧之學的光芒；以「重理性、重科學精神」為矩，希望能帶領玄學進入一個新紀元。「破除迷信、重人生智慧」即「圓而神」，「重理性、重科學精神」

即「方以智」，既圓且方，故名「圓方」。

出版方面，「圓方」擬定四個系列如下：

1. 「智慧經典系列」：讓經典因智慧而傳世；讓智慧因經典而普傳。
2. 「生活智慧系列」：藉生活智慧，破除迷信；藉破除迷信，活出生活智慧。
3. 「五術研究系列」：用理性及科學精神研究玄學；以研究玄學體驗理性、科學精神。
4. 「流年運程系列」：「不離日夜尋常用，方為無上妙法門。」不帶迷信的流年運程書，能導人向善、積極樂觀、得失隨順，即是以智慧趨吉避凶之大道理。

在未來，「圓方」將會成立「正玄會」，藉以集結一群熱愛「破除迷信、重人生智慧」及「重理性、重科學精神」這種新玄學的有識之士，並效法古人「清談玄學」之風，藉以把玄學帶進理性及科學化的研究態度，更可廣納新的玄學研究家，集思廣益，使玄學有另一突破。

自序

在編寫《掌丘掌紋篇》的時候，喚起了我不少舊記憶，令我重新認識到掌丘於掌相學中之重要性。因從事相學那麼多年，漸漸會忽略了一些簡單而重要的東西，希望能在此與各位讀者分享我的經驗，從而使各位知道，學習掌紋之時，首先要瞭解掌色，然後到掌形、指形，再進而是掌丘，瞭解以上各部分之後，再進一步研究掌紋，將會更加容易，更加準確。

蘇民峰

作者簡介

蘇民峰　長髮，生於一九六〇年，人稱現代賴布衣，對風水命理等術數有獨特之個人見解。憑着天賦之聰敏及與術數的緣分，對於風水命理之判斷既快且準，往往一針見血，疑難盡釋。

以下是蘇民峰近三十年之簡介：

八三年　開始業餘性質會客以汲取實際經驗。

八六年　正式開班施教，包括面相、掌相及八字命理。

八七年　毅然拋開一切，隻身前往西藏達半年之久。期間曾遊歷西藏佛教聖地「神山」、「聖湖」，並深入西藏各處作實地體驗，對日後人生之看法實跨進一大步。回港後開設多間店鋪（石頭店），售賣西藏密教法器及日常用品予有緣人士，又於店內以半職業形式為各界人士看風水命理。

八八年　夏天受聘往北歐勘察風水，足跡遍達瑞典、挪威、丹麥及南歐之西班牙，回港後再受聘往加拿大等地勘察。同年接受《繽紛雜誌》訪問。

八九年　再度前往美加，為當地華人服務，期間更多次前往新加坡、日本、台灣等地。同年接受《城市周刊》訪問。

九〇年　夏冬兩次前往美加勘察，更多次前往台灣，又接受台灣之《翡翠雜誌》、《生活報》等多本雜誌訪問。同年授予三名入室弟子蘇派風水。

九一年 續去美加、台灣勘察。是年接受《快報》、亞洲電視及英國 BBC 國家電視台訪問。所有訪問皆詳述風水命理對人生的影響，目的為使讀者及觀眾能以正確態度去面對人生。同年又出版了「現代賴布衣手記之風水入門」錄影帶，以滿足對風水命理有研究興趣之讀者。

九二年 續去美加及東南亞各地勘察風水，同年 BBC 之訪問於英文電視台及衛星電視「出位旅程」播出。此年正式開班教授蘇派風水。

九四年 首次前往南半球之澳洲勘察，研究澳洲計算八字的方法與北半球是否不同。同年接受兩本玄學雜誌《奇聞》及《傳奇》之訪問。是年創出寒熱命論。

九五年 再度發行「風水入門」之錄影帶。同年接受《星島日報》及《星島晚報》之訪問。

九六年 受聘前往澳洲、三藩市、夏威夷、台灣及東南亞等地勘察風水。同年接受《凸周刊》、《一本便利》、《優閣雜誌》及美聯社、英國 MTV 電視節目之訪問。是年正式將寒熱命論授予學生。

九七年 首次前往南非勘察當地風水形勢。同年接受日本 NHK 電視台、丹麥電視台、《置業家居》、《投資理財》及《成報》之訪問。同年創出風水之五行化動土局。

九八年 首次前往意大利及英國勘察。同年接受《TVB 周刊》、《B International》、《壹周刊》等雜誌之訪問，並應邀前往有線電視、新城電台、商業電台作嘉賓。

九九年 再次前往歐洲勘察，同年接受《壹周刊》、《東周刊》、《太陽報》及無數雜誌、報章訪問，同時應邀往商台及各大電視台作嘉賓及主持。此年推出首部著作，名為《蘇民峰觀相知人》，並首次推出風水鑽飾之「五行之飾」、「陰陽」、「天圓地方」系列，另多次接受雜誌進行有關鑽飾系列之訪問。

二千年　再次前往歐洲、美國勘察風水，並首次前往紐約，同年 masterso.com 網站正式成立，並接受多本雜誌訪問關於網站之內容形式，及接受校園雜誌《Varsity》、日本之《Marie Claire》、復康力量出版之《香港 100 個叻人》、《君子》、《明報》等雜誌報章作個人訪問。同年首次推出第一部風水著作《蘇民峰風生水起（巒頭篇）》、第一部流年運程書《蛇年運程》及再次推出新一系列關於風水之五行鑽飾，並應無線電視、商業電台、新城電台作嘉賓主持。

〇一年　再次前往歐洲勘察風水，同年接受《南華早報》、《忽然一週》、《蘋果日報》、日本雜誌《花時間》、NHK 電視台、關西電視台及《讀賣新聞》之訪問，以及應紐約華語電台邀請作玄學節目嘉賓主持。同年再次推出第二部風水著作《蘇民峰風生水起（理氣篇）》及《馬年運程》。

〇二年　再一次前往歐洲及紐約勘察風水。續應紐約華語電台邀請作玄學節目嘉賓主持，及應邀往香港電台作嘉賓主持。是年出版《蘇民峰玄學錦囊（相掌篇）》、《蘇民峰八字論命》、《蘇民峰玄學錦囊（姓名篇）》。同年接受《3 週刊》、《家週刊》、《快週刊》、《讀賣新聞》之訪問。

〇三年　再次前往歐洲勘察風水，並首次前往荷蘭，續應紐約華語電台邀請作玄學節目嘉賓主持。同年接受《星島日報》、《東方日報》、《成報》、《太陽報》、《壹周刊》、《一本便利》、《蘋果日報》、《新假期》、《文匯報》、《自主空間》之訪問，及出版《蘇民峰玄學錦囊（風水天書）》與漫畫《蘇民峰傳奇 1》。

○四年 再次前往西班牙、荷蘭、歐洲勘察風水，續應紐約華語電台邀請作風水節目嘉賓主持，及應有線電視、華娛電視之邀請作其節目嘉賓，同年接受《新假期》、《MAXIM》、《壹周刊》、《太陽報》、《東方日報》、《星島日報》、《成報》、《經濟日報》、《快週刊》、《Hong Kong Tatler》之訪問，及出版《生活玄機點滴》、漫畫《蘇民峰傳奇 2》、《家宅風水基本法》、《The Essential Face Reading》、《The Enjoyment of Face Reading and Palmistry》、《Feng Shui by Observation》及《Feng Shui — A Guide to Daily Applications》。

○五年始 應邀為無線電視、有線電視、亞洲電視、商業電台、日本 NHK 電視台作嘉賓或主持，同時接受《壹本便利》、《味道雜誌》、《三週刊》、《HMC》雜誌、《壹週刊》之訪問，並出版《觀掌知心（入門篇）》、《中國掌相》、《八字萬年曆》、《八字入門捉用神》、《八字進階論格局看行運》、《生活風水點滴》、《風生水起（商業篇）》、《峰狂遊世界》、《瘋蘇 Blog Blog 趣》、《師傅開飯》、《A Complete Guide to Feng Shui》、《Practical Face Reading & Palmistry》、《Feng Shui — a Key to Prosperous Business》等。

蘇民峰顧問有限公司
電話：2780 3675
傳真：2780 1489
網址：www.masterso.com
預約時間：星期一至五（下午二時至七時）

目錄

掌紋篇

掌紋須知

生命線

頭腦線

204 腦線起自木星丘，與生命線起點距離非常闊（川字掌）

206 腦線起自木星丘，中段有一節靠近生命線，然後再順延至掌中

207 腦線起自木星丘，中段有一節靠近生命線，然後再分開，下垂至太陰丘

208 腦線起自木星丘，中段有一節靠近生命線，然後再下垂至太陰丘，末端有一個三角形符號

209 腦線起點與生命線稍為分離

210 腦線稍為觸及生命線便馬上分開

211 腦線與生命線相連在一厘米以內然後分開

212 腦線與生命線相連一至二厘米然後分開

213 腦線與生命線相連二厘米以上，甚至三、四厘米才分開

214 腦線起自下火星丘

215 腦線起點與生命線相連，但在木星丘下作拱起之狀，然後再橫過掌中

---

216 腦線在土星丘下拱起靠向心線，然後和心線平衡

217 腦線在中途拱起，靠近心線

218 腦線起點與生命線相連，但分開以後，下垂彎入金星丘內

219 腦線在中間折斷

220 腦線整條由多條細線組成

221 腦線呈片段狀

222 腦線中斷或折疊在土星丘下，加上生命線末端有一橫線切過

223 腦線又淺又闊，模糊不清

224 腦線呈彎曲狀

225 腦線當中有島紋

226 腦線由一連串的島紋組成

227 腦線開始時由島紋組成，但中段以後轉為清晰

228 腦線開始時非常清晰，但中段以後由一連串之島紋組成

心線

260 心線橫向，停在木星丘與生命線起點之中間

261 心線末端觸及生命線及腦線之起點

262 心線下垂觸及頭腦線

263 心線下垂，在土星丘下與腦線接觸

264 心線下垂、穿入下火星丘

265 心線向上，但有支線下垂觸及頭腦線

266 心線線尾在土星丘下分開，一條向上，一條向下

267 心線線尾末端呈分叉狀

268 心線線尾末端部分清楚呈三叉狀

269 心線明顯折斷

270 心線由多條線接疊而成

271 心線正常，但有很多下垂細線

272 心線正常，但有數條支線下垂

273 心線正常，且有很多支線向上

274 心線有支線分叉，指向土星丘

275 心線有支線伸出，指向太陽丘

276 心線有支線伸出上升，趨向水星丘

277 心線當中有很多垂直短線切過

278 心線在土星丘上發現有島紋

279 心線在土星丘下發現島紋，同時在命運線與腦線之交匯處又再出現島紋

280 心線在太陽丘下發現有島紋

281 心線由島紋所組成

282 心線當中清楚有十字紋出現

283 心線末端和命運線相連，會合在木星丘上

284 心線下有支線伸出，切過命運線

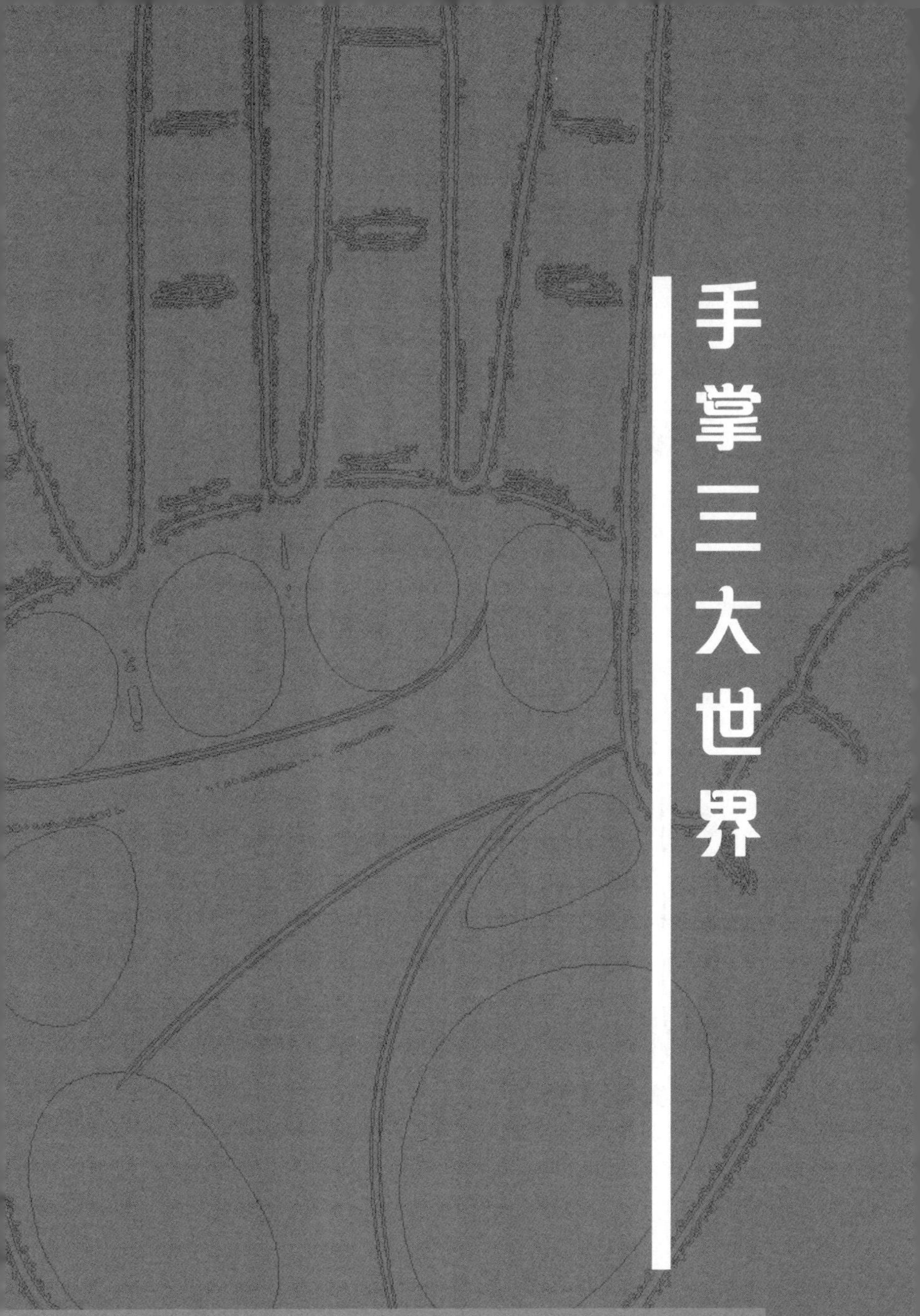

手掌三大世界

手掌三大世界

手掌可分為思想世界、實際世界與本能世界三大部分。

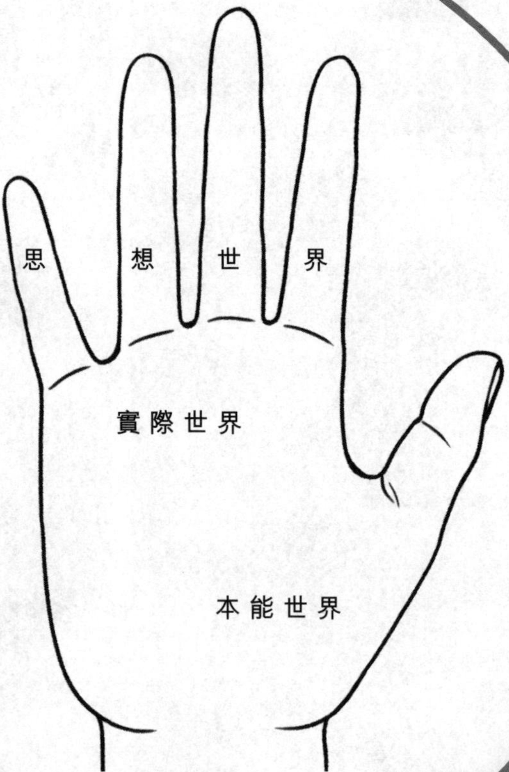

思想世界

手掌中，手指代表思考部分，即思考力、想像力和創造力。

細分手指的三節，第一節代表思想，第二節代表實際，第三節代表本能，尤以第三節之本能世界最為準確。

第三節之指節愈肥，代表對本能慾望之追求愈強烈，對個人食慾、色慾之享受要求十分高；相反，第三指節愈瘦，則個人對本能慾望追求並不熱烈，不論食慾、色慾，只要能滿足基本之需要便可，反而對思想上、精神上的追求更為熱切，這就是哲學型掌的手指指節最為凸露的原因也。

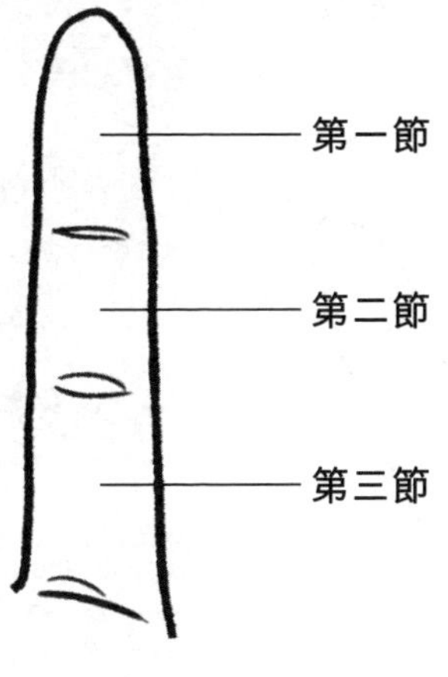

實際世界

實際世界位於手掌中間的部位，其中包含木星丘、土星丘、太陽丘及水星丘。

木星丘主領導、權力；土星丘代表知識追求；太陽丘代表藝術、名譽；水星丘代表商業、財富。

如以上四丘飽滿豐隆，則代表在實際世界之中無往而不利，相反則寸步難行。

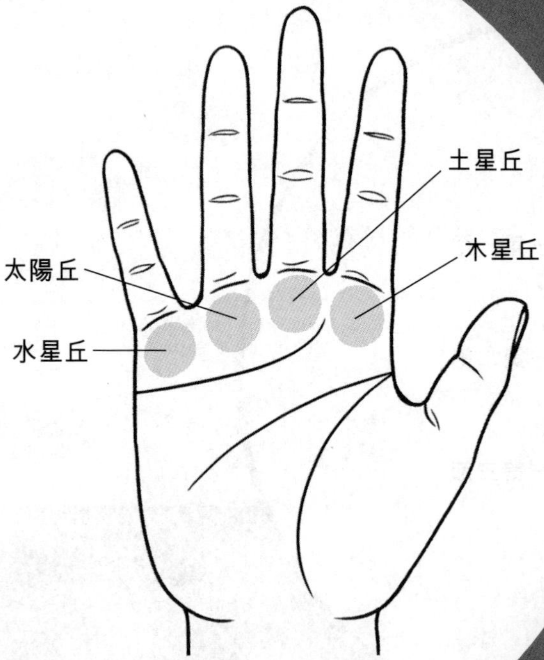

本能世界

本能世界位於手掌之基部，主要由太陰丘、海皇丘和金星丘組成。

太陰丘代表幻想、陰晴不定；海皇丘代表腎、膀胱、泌尿系統；金星丘代表愛心，故本能世界為愛心、幻想、情慾之組合。

如整個本能世界特別發達，即金星丘與太陰丘皆肥厚，代表思想與行為皆對情慾有強烈之幻想與需求。

相反，如本能世界薄弱，即金

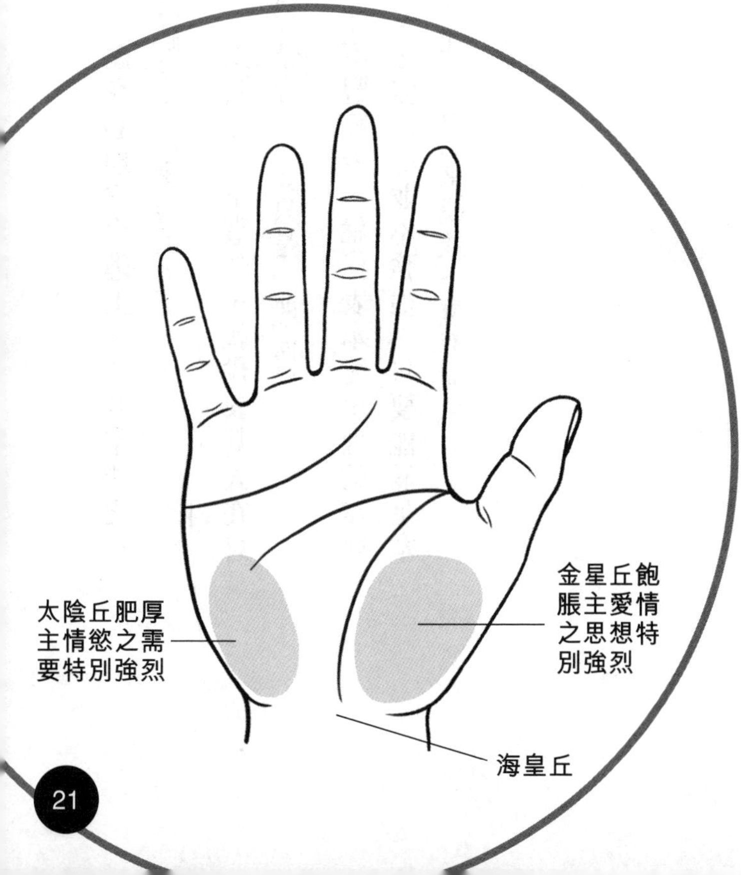
金星丘飽脹主愛情之思想特別強烈
太陰丘肥厚主情慾之需要特別強烈
海皇丘

星丘與太陰丘皆扁平，甚至下陷，則不論在心理或生理上，皆對本能之情慾缺乏需要，甚至有機會成為性冷感及缺乏生活動力的人。

若本能世界中，只有金星丘發達，太陰丘並不豐隆，就代表其人在思想上對感情、情慾有特別強的需求，但其生理需要只是一般而已。

至於太陰丘特別發達，而金星丘並不豐隆者，就代表本能生理的需要特別強，性幻想亦重，但思想上對情愛之需求卻並不強烈，只要能滿足本能之需要便已足夠，當中是否有愛情存在，對之來說並不重要。

掌丘篇

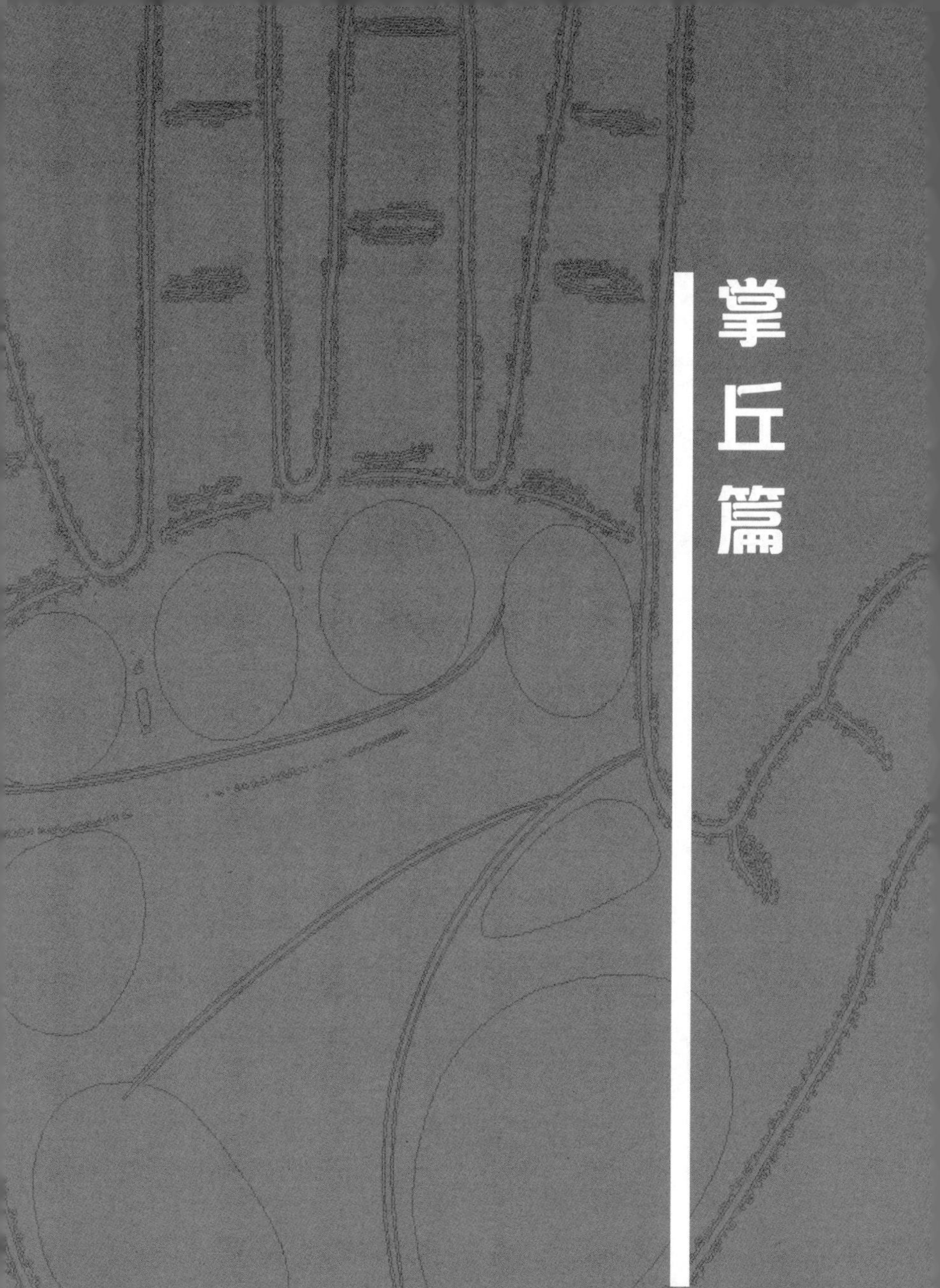

掌丘詳論

掌丘在手相學所佔的比重非常大，因所有掌紋都會經過不同的掌丘或起自不同的掌丘，而其終點亦停在不同的掌丘上，所以或多或少都會受掌丘所影響，甚至掌紋會被掌丘的特性所操縱。因此，若不認識掌丘，而只是強把每條掌紋的意思記下來，可說是非常困難。反之，當你認識了掌丘之後，再看掌紋之時，只要適當地把掌丘的意義配上掌紋去運用，並把每條掌紋的基本定義牢記，就不管掌紋怎樣千變萬化，都不會把你難倒。

我們每一個人都會受着不同的掌丘影響，有些人被一個掌丘控制其一生行為，有些人會身兼幾個掌丘的特性，亦有些人並無主丘，好像混合型掌一樣，並無明顯特質。但不管如何，我們總受着掌丘的影響，作出不同的行為，甚至掌紋亦受掌丘的牽制，不能自主地生長。故此，當瞭解過掌丘以後，便會知道其人之基本性格行為。

七類掌丘

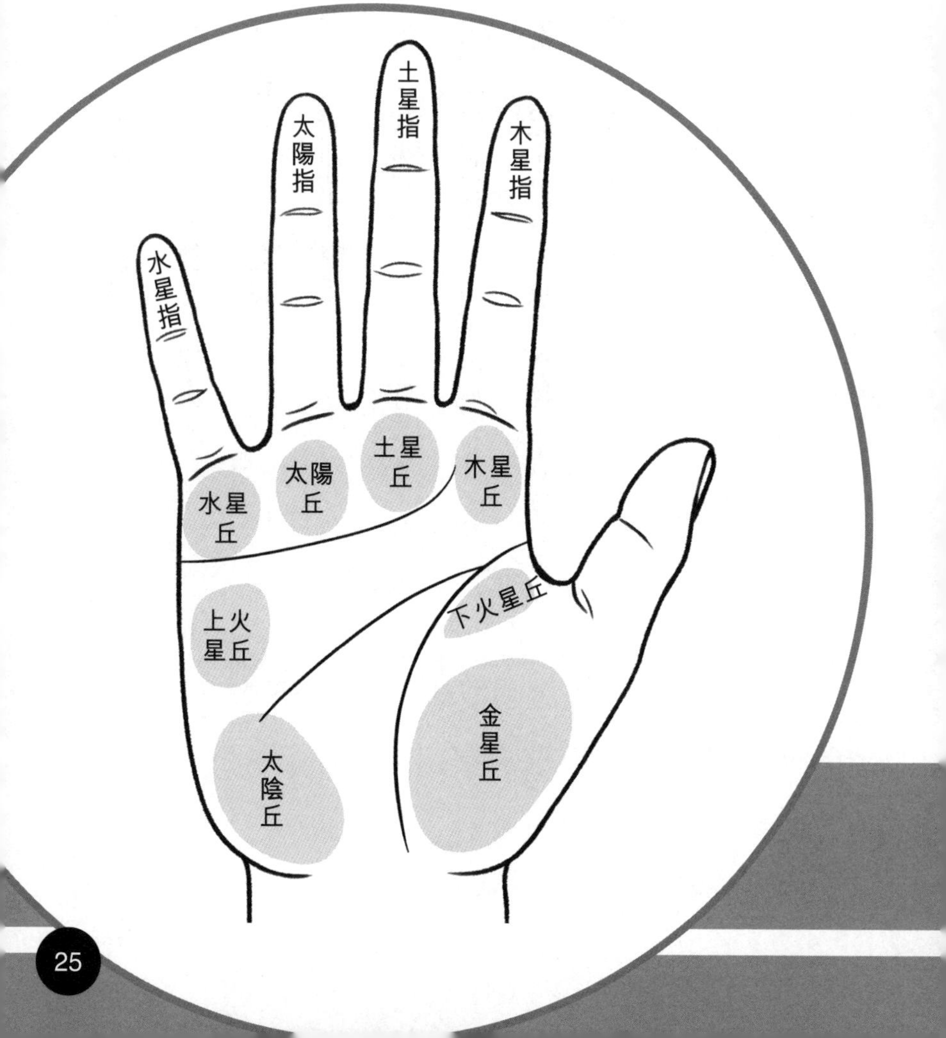
土星指
太陽指
木星指
水星指
土星丘
太陽丘
木星丘
水星丘
上火星丘
下火星丘
金星丘
太陰丘

木星丘——在木星指基部，代表權力、領導。
土星丘——在土星指基部，代表田園、神秘、學術。
太陽丘——在太陽指基部，代表藝術、名譽。
水星丘——在水星指基部，代表商業、科學。
上火星丘——在頭腦線上部，代表忍耐、抵抗（守）。
下火星丘——在頭腦線下部，代表侵略、鬥爭（攻）。
太陰丘——在手掌基部掌邊之處，代表幻想、神秘、心意不定。
金星丘——在大拇指下部，代表愛心、情愛。

鑑別掌丘

學習掌丘的第一步，首要知道自己到底是屬於哪一類掌丘的人，找出以後，便可掌握自己的特質和長處，繼而加以適當的發展和運用。另外，對於教導下一代，亦能起着正面的作用。

鑑別掌丘最簡單的方法，是看掌中哪一個部位特別隆起、飽滿、強大。假如金星丘發達，則拇指基部位置必然飽滿，肉厚而帶有彈性，且生命線必然彎出成弧形狀，令金星丘所佔的位置更大（見圖一）。

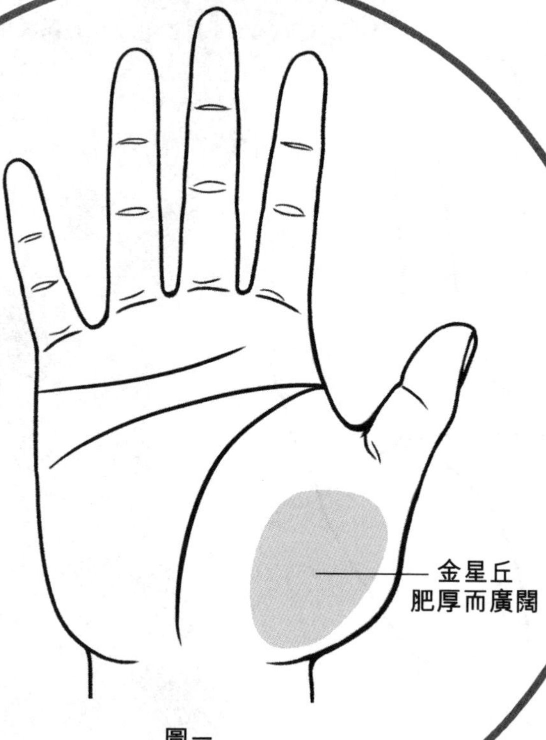

圖一

至於太陰丘人，則其手掌基部近掌邊位置必然肥厚有肉，且富有彈性（見圖二）。

而上火星丘人，必然掌邊呈圓形，且肉厚而富彈性（見圖三）。

最後是下火星丘人，其大拇指基部與頭腦線之間的下火星丘部位，必然有肉而隆起（見圖四）。

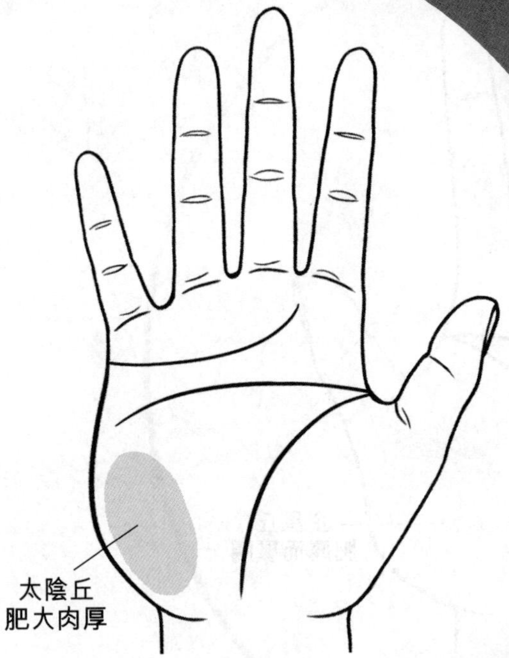

圖二

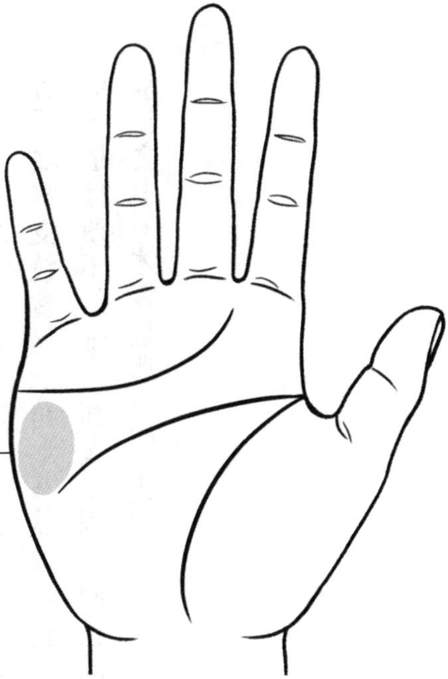

圖三

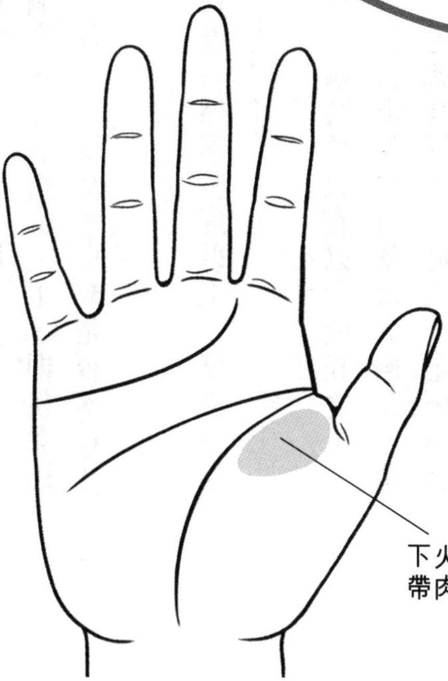

圖四

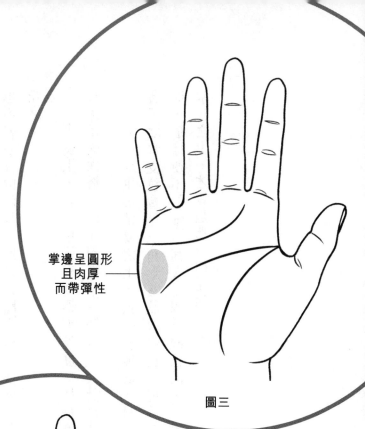

以上四個丘的判斷較為容易，出錯的機會不大，但判斷木星丘、土星丘、太陽丘及水星丘則困難得多，因這四個掌丘位於指骨之上，即使發達也不容易有肉隆起，所以判斷之時，要參看各指長度及掌皮紋是否落在此丘之上。

事實上，各手指皆有其標準長度，如長度在標準長度以上，就必然帶有此丘的性格；但在判斷掌皮紋之時，就要仔細得多。

掌皮紋生於掌皮之上，與指紋無異，只不過其位置在以上四丘之上。各丘之掌皮紋會呈三角形葵狀紋生長，但此三角形掌皮紋常落於兩丘之中間，這樣便不能斷定其人是哪一個丘的人。也就是說，掌皮紋一定要位於掌丘之上，才算是那一個丘的人。

掌皮葵狀紋之形狀

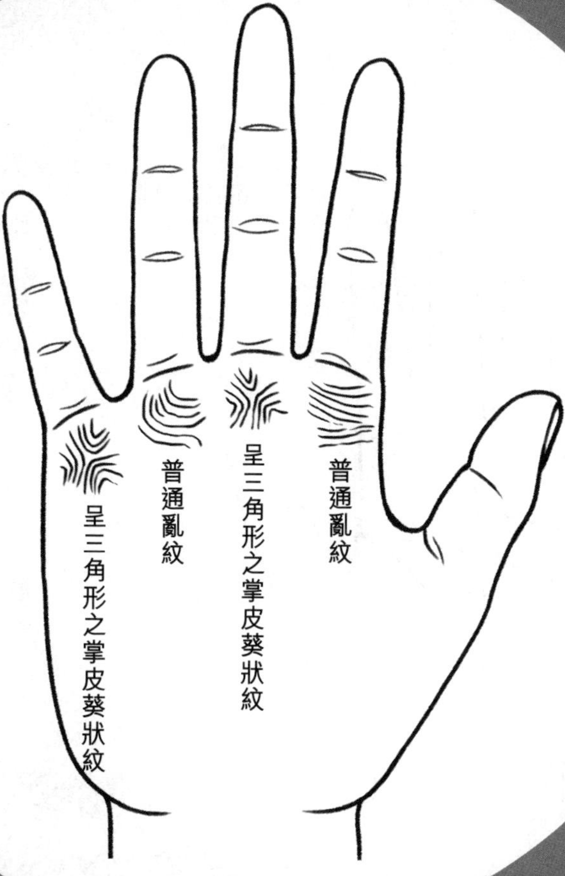
呈三角形之掌皮葵狀紋
普通亂紋
呈三角形之掌皮葵狀紋
普通亂紋

木星丘人

木星指粗壯，長度超過土星指第一節之中間線，三角形掌皮葵狀紋在木星指基部，木星丘飽脹，且頭腦線較平直，命運線清楚顯現者，即為木星丘人。

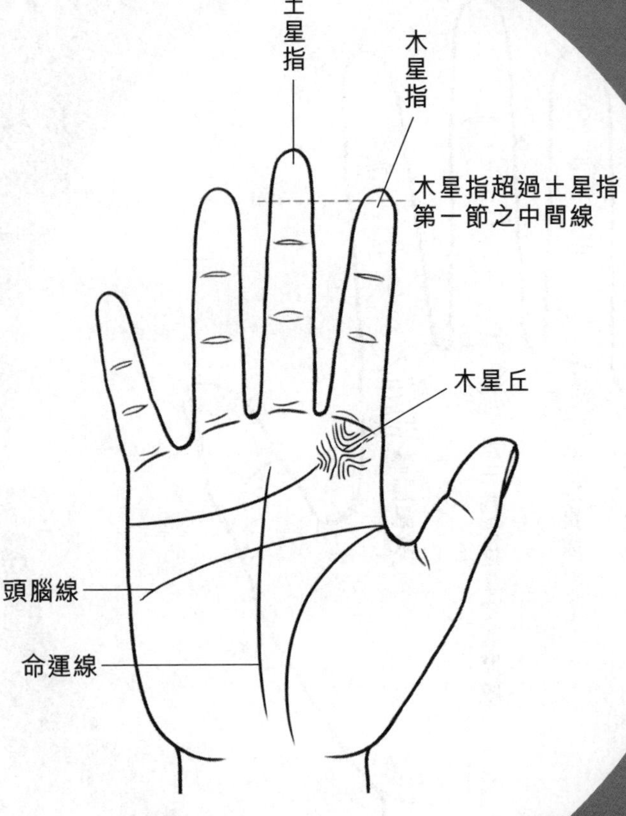

純木星丘的人，體高適中，體格強壯，肌肉結實而不臃腫。五官方面，眼睛較大而精神飽滿，眼上瞼較飽脹，眼珠大而眼白較白，眉毛較長，且兩眉中間之印堂開闊，鼻長，鼻樑直而有氣勢，最大特徵是門牙較大，有時稍為凸出，且中年以後，前額之髮線會後移，形成前額高廣。又木星丘人説話聲音響亮，舉止威嚴，有領導者之風範。

木星丘為領導之丘，主自信心強、自尊心重，較難接受別人之意見，但因木星丘人做事有主見，又肯幫助別人，不論在行動上或精神上都會給予充分支持，故不難成為一個領導者，且別人亦容易對他/她心悦誠服。

木星丘人抱負大，雄心萬丈，優質的木星丘人，不難成為一位出色的政治領導者，即使處於下層社會，亦能在同輩之中突出自己，處於領導地位。

木星指在土星指旁，且大多靠向土星指，而土星指代表神秘、迷信、命運、宗教，故木星丘人大多篤信命運。如果木星指第一節特別長，且指頭又呈圓形或尖形，則更為準確。

木星丘人優越感重、自豪、好表現自己，如處理得不恰當，難免容易令人反感。由於木星丘人為人慷慨，對金錢較不重視，故在追求權力地位之時，不會吝嗇金錢，因此較容易令人信服，而不會產生反感情緒。

在愛情方面，木星丘的男性對配偶要求極高，希望能結識一個對自己事業上有幫助的異性；婚姻方面，木星丘人情慾較強，故大多早婚，唯婚姻並不美滿，多數不能一妻終老。

而女性之木星丘人，亦喜處於領導地位，對丈夫並不體貼，婚姻同樣以失敗收場居多。

身體方面，木星丘人之常見疾病為消化不良、中風、爆血管，再看一看手掌，如發現是朱砂掌之赤紅色，就更為準確。

配偶方面，因木星丘人要求較高，故只可以與木星丘人相配，但因金星丘人是最漂亮的，所以亦是第二個好選擇，而太陽丘人就次之。其他丘方面，他們會嫌土星丘人太高瘦、太陰丘人太肥胖、水星丘人太矮、火星丘人不夠漂亮。

木星丘人

土星丘人

三角掌皮紋在土星丘上，土星丘飽滿，土星指挺直而長，且各指皆向之靠攏者，便為土星丘人。

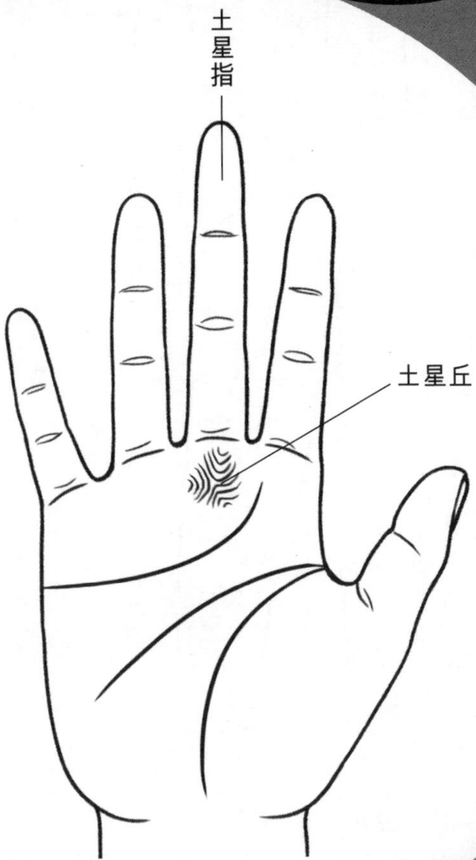

土星丘人是各丘之中求知慾最強的，亦是各丘中身材最高的，但高度與身材一般不成正比例，因土星丘人屬於高而且特瘦的一類，看上去恰似竹竿一樣，所以不難被辨認出來。

土星丘人瘦得像皮包骨一樣，但肌肉並不結實，有時甚至會鬆弛。面形方面，大多瘦而長，鼻樑高長而直，眼眶下陷，眉毛粗濃，時常面帶愁容。從以上描述可知，土星丘人長相並不漂亮。

土星丘人給人的印象是憂鬱且欠缺熱情的，而其內心實際上亦只能感覺到世界黑暗的一面，故生活並不快樂。

但土星丘人能克制私慾，在學術上亦能看到別人察覺不到的東西，故土星丘在學術研究上容易有出色的表現。

另外，由於土星丘是迷信之丘，故從事研究神秘學亦會非常出色，不難成為這方面的專家。

土星丘有着極端相反的性格，社會上之大宗教家、哲學家、政治家大多數為土星丘人，但很多犯嚴重罪案之謀殺犯亦是土星丘人，因土星丘頭腦冷靜，思考清晰。

也就是說，如其人配上優質的掌型、面相，便會從正途發展，不難有出色的成就；如配上劣質型格，則容易淪為一名出色的罪犯。

愛情方面，土星丘大多與水星丘人或太陰丘人成為伴侶，歸根究柢，可能是補償心理吧，所以不難在街上發現一個高高瘦瘦的人拖着一個胖胖矮矮的伴侶。

但因土星丘人個性愛好孤獨，欠缺熱情，對婚姻亦不熱衷，故很大可能不會結婚，且容易成為遁於世外之修道人，所以不難在隱士之中發現土星丘人之存在。

土星丘人

太陽丘人

太陽指長度貼近中指，太陽丘飽脹，且丘上出現太陽線或星紋，而三角掌皮葵狀紋剛好在太陽丘上者，便為太陽丘人。

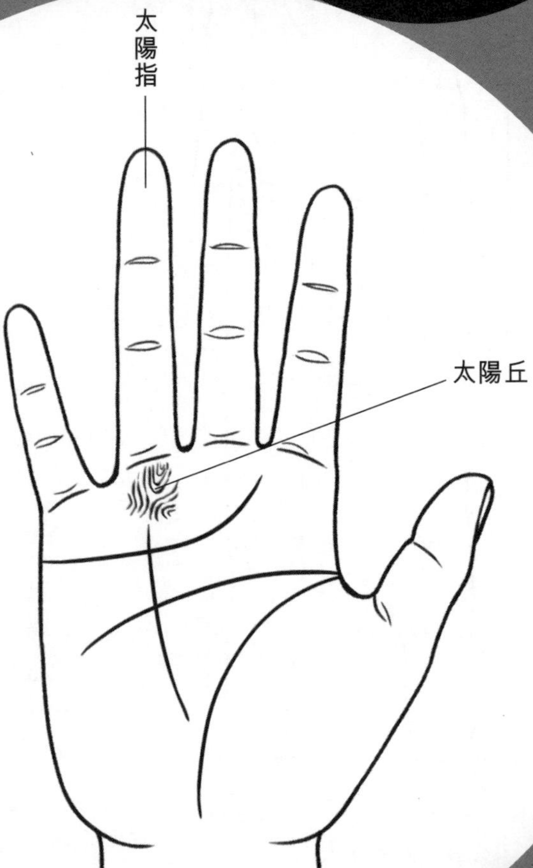

太陽丘人是各丘之中最容易相處的，因太陽丘人先天個性風趣、隨和，且長相漂亮，儀容整潔，對別人總有一定的吸引力，所以很容易吸引他人的目光。

又因知識廣博，即使他／她不會像土星丘人那樣，對每一樣學說都作深入研究，亦能靠一點點多方面的知識，把事情説得頭頭是道，使人有種通天曉之感覺。當然，當遇上真正的專家，他／她這點知識便並不足夠，但是在面對一般群眾時，則游刃有餘。

太陽丘人先天是樂觀的，但當然亦有黑暗的時間，因太陽丘人愛好賭博及喜歡周旋於群眾之間，成為眾人之焦點；當其得不到認同或在獨處的時候，往往會感到落寞難受。不過，這種感覺總是稍縱即逝，因太陽丘人的本性是樂觀的，很容易把不快的事情忘記，唯不排除會有可能沉迷於賭博之中。

太陽丘人是各丘中長相最漂亮的，身材適中，不會過高、過矮、過胖或過瘦，再加上儀容整潔，故不難獲得異性垂青。

太陽丘人在婚姻方面大多不美滿，婚姻失敗次數是各丘之冠，這可能是先天受異性歡迎之故，亦可能是因太陽丘不能忍受不漂亮的東西，故在妻子光芒過後，便可能失去興趣，另結新歡。

太陽丘人前額廣闊，略為高聳，眼睛明亮而有光彩，鼻樑挺直，下巴稍為窄小，與思想型之面相吻合，只是下巴沒有那麼尖削而已。

又太陽丘為藝術之丘，但其人只是懂得鑑賞藝術，喜歡漂亮的衣飾、美好的工作及居住環境而已，並不一定會成為出色的藝術家，因為他／她缺少了藝術家必須具備的恆心和執著。

身體方面，太陽丘人容易有先天性的心臟病及眼睛問題。

配偶方面，太陽丘與太陽丘最為相配，其次與木星丘及金星丘亦能相配，因太陽丘人天性愛美，矮小的水星丘、高瘦的土星丘及肥胖的太陰丘皆不合其眼緣。

太陽丘人

水星丘人

水星丘人的水星指長度超越太陽指第一節及第二節之中線，水星丘飽滿，容易出現水星線，且三角掌皮葵狀紋剛好在水星丘之正中位置。

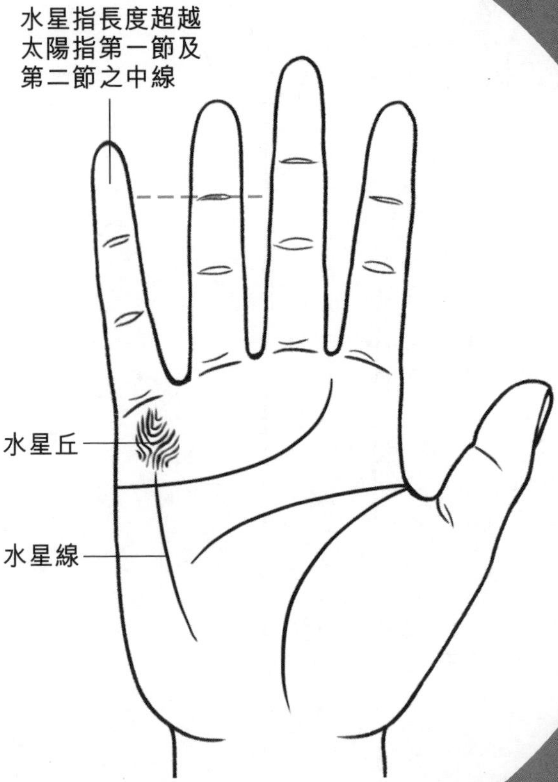
水星指長度超越太陽指第一節及第二節之中線
水星丘
水星線

水星丘是各丘之中身材最矮的，亦是最能言善道的一個丘，具有演說才華，但也是一位極出色的說謊者。

水星丘人常常在社會上有出色的表現，能幹的醫生、律師、外交家以及成功的商人，都不難發現有水星丘人在其中。不過，水星丘人同時也是極出色的犯罪學家、盜竊家、騙子，這是水星丘人先天頭腦靈活、反應快之故。如果其他各丘得到良好配合，在正途上必然有極出色的表現；但如果其他各丘配合不良，型質不佳，則容易走入歪途，成為一名出色的罪犯。

水星丘人是各類丘人之中最機智的，而這或由其人身材矮小所致——由於天生身材矮小，不能用體力與人相爭，遂慢慢形成喜愛思考的個性；愈愛思考自然頭腦愈靈活，頭腦愈靈活則愈善於機變及機謀計算，與中國人常說的「矮仔多計」不謀而合。

水星丘人一般目光敏銳，鼻子小，面形圓，下巴闊，上唇較薄下唇厚，身材矮小、肥胖，頭髮容易鬈曲。

不要小看水星丘人身材矮小，其實他們的動作非常靈活，身手敏捷，常在不經意之中把你嚇一跳。

水星丘人的直覺能力非常高，如從事神秘學亦容易有一番成就。但如各手指不挺直，眼神又閃爍不定，則不難成為一名江湖術士或神棍——求財心切又不願下苦功去研究，只是透過熟記玄學上艱深的名詞以謀取金錢。這種人之所為，使社會把玄學、術數等學術視為騙人的伎倆。

水星丘人脾氣溫和，能言善道，故不難獲得女性之歡心。

水星丘人比較容易早婚，但他們其實絕對不適宜早婚，因早婚後重婚的機會比其他各丘為大。

不要看水星丘人身材矮小，其實水星丘人不難獲得漂亮的異性垂青。配偶方面，水星丘人最容易與高瘦的土星丘人走在一起，其次亦容易與水星丘人結合，當然其他各丘亦無不可，所以水星丘人其實沒有與任何丘人不相配。

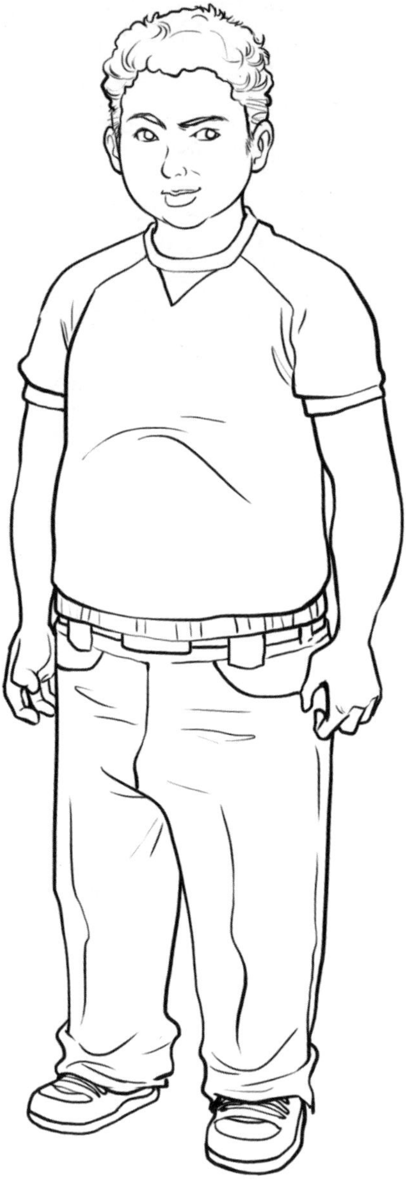

水星丘人

火星丘人

火星丘分為上火星丘及下火星丘兩部分，上下火星丘皆飽脹發達、掌肉厚而有彈性者，便為火星丘人。

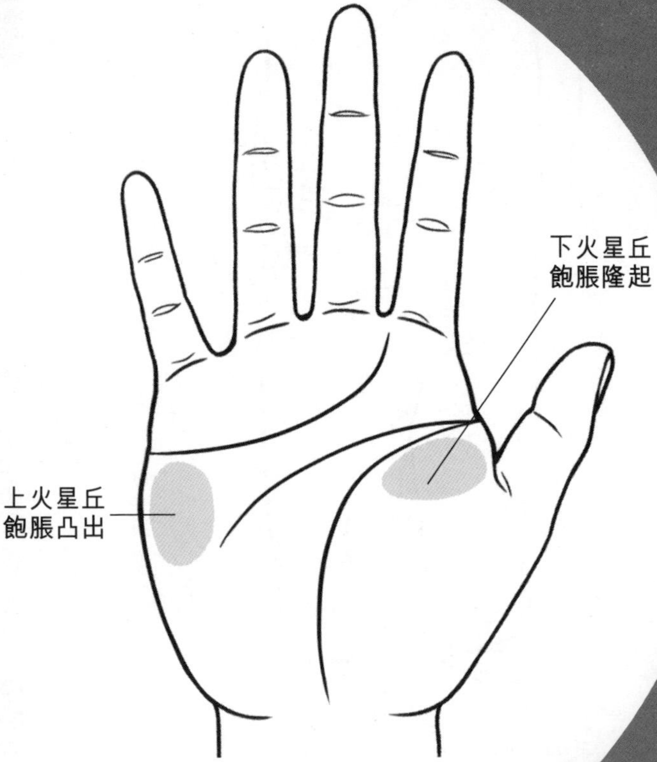

火星丘人大多屬中等身材，體格強健且肌肉結實，眉骨顯露，鼻樑起節，嘴唇薄而緊閉。如掌中上火星丘較發達，就代表其人防守能力較強，可以長期與惡劣環境對抗，絕不言敗，這種性格對處於逆境之時有相當大的幫助；如下火星丘飽脹，則代表進取心強，永不言敗，且進攻之時攻勢猛烈，即使遇到任何困難，皆不能動搖其意志，直至成功為止。如上下兩個火星丘同樣飽滿，就代表其人攻守兼備，必然能成為一個出色的領袖人物。

但火星丘人如果屬於劣質性的話，便容易作出犯罪行為，打鬥、械劫、殺人等事，無所不為。故火星丘人必然要靠良好的意志與教育，方能控制其先天的侵略性，因此挺直的中指、強大的拇指，對火星丘人極其重要。

純型的火星丘人是比較少見的，但其他各丘的人，必然會有火星丘的性格存在，尤其是下火星丘，因為不論何種丘人，皆需要下火星丘之進攻性來推動自己邁向成功（下火星丘完全平滿的人，往往對每一件事情都提不起勁，在生活中好像沒有甚麼值得追求似的，如剛好另一半比較積極的話，婚姻便會較難維持下去）。

火星丘人是個情慾旺盛的人，對異性的追求屬猛烈型，但本身亦不難得到異性的垂青；又火星丘人以男性居多，如女性屬火星丘人，則極易傾向男性化。配偶方面，以漂亮的金星丘最為適合，自古英雄配美人是不變的定律。

火星丘人是一個良好的軍人，因其鬥爭心強，體力充沛，再加上頑強的意志力，不成功他／她是絕不罷休的。所以，火星丘人很容易成為亂世的英雄、盛世的大賊，因盛世之時，英雄無用武之地便很容易走向歧途，成為難以對付的大賊。

一般而言，男性上火星丘較女性寬厚，這是正常的；如女性之上火星丘發達，則同樣顯示其人能於惡劣環境下長久對抗，最終達至成功。

火星丘人一般掌色紅潤，這是脾氣急躁的象徵，也是心臟病的記號，所以火星丘人往往有先天性的心臟及血液循環問題。

配偶方面，除了金星丘，木星丘亦與之較為相配，但其他各丘亦無不可。

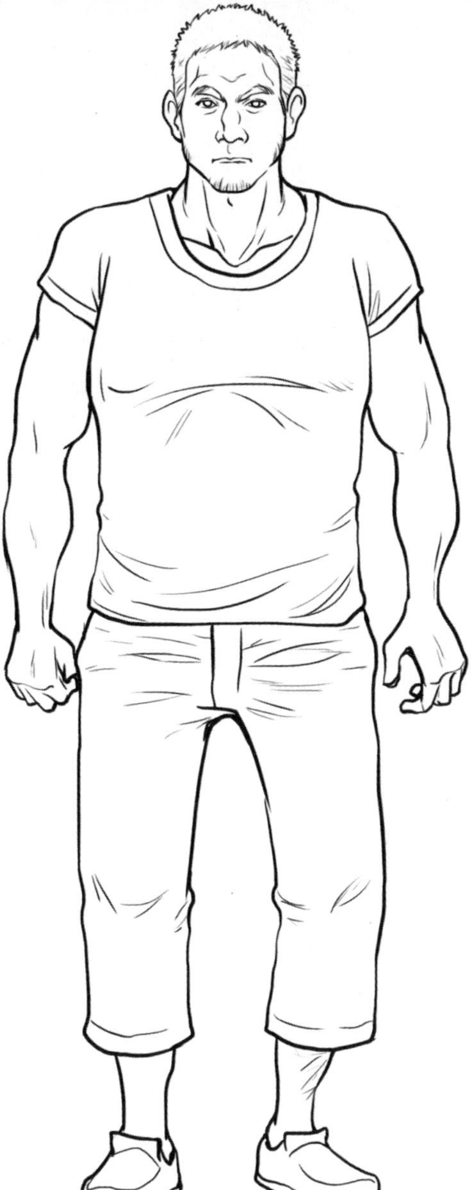

火星丘人

太陰丘人

太陰丘位於掌邊下部，而太陰丘人的特徵為太陰丘飽脹，掌軟肉厚而有彈性，各手指容易屈曲，頭腦線下垂。

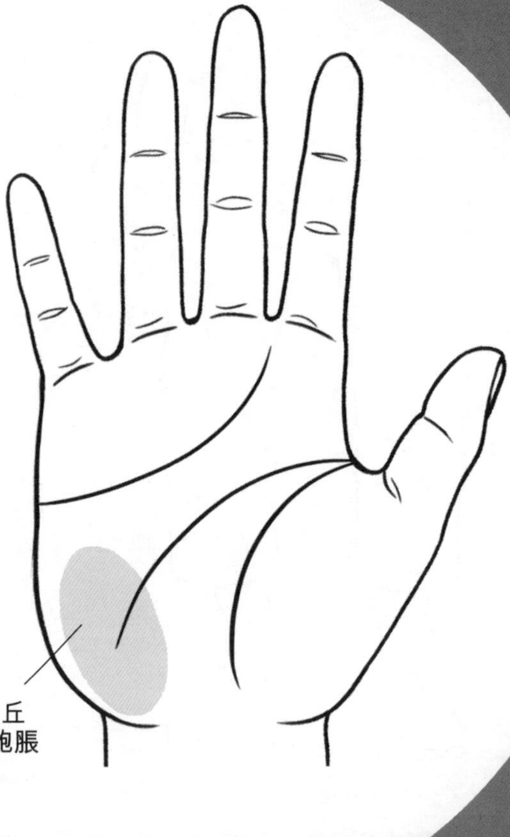

太陰丘人是各丘之中最肥的，且個子較為高大，與水星丘之肥而且矮不同。太陰丘人肥得來並不漂亮，因其肌肉大多鬆弛，皮膚又太白，前額低，眼大而露且雙目眼神內斂，給人陰森的感覺；另外，其鼻子略細，下巴肥滿，有雙下巴，所以不難被辨認出來。

太陰丘人先天被幻想所支配，但其幻想大多不能實現，只會流於空想，所以成就一般較其他各丘人為低；又太陰丘人一般拇指較短，具有決心不夠的個性。太陰丘人的先天個性是不安定的，無法適應固定的生活、固定的環境，尤其是在太陰丘上有很多橫紋者，則這種不安定的性格會更加明顯，故在太陰丘上之橫線又稱為「旅遊線」。

純型的太陰丘人並不多見，但一般人都受太陰丘所影響而帶有幻想，只是輕重程度不同。如果完全缺乏太陰丘的性格，是不容易生存下去的，因窮困的人會幻想甚麼時候出人頭地，有錢的人則會想像如何把生活質素提高。所以，我們每一個人的心中或多或少帶有幻想，只是強弱之別而已。

太陰丘人在愛情方面大多難得美滿，因他／她婚前會幻想婚後如何如何，但現實總是與幻想有一段很大的距離，最終不是極端失望便是離異。另外，因太陰丘人好變動，常常會搬房子或把家中裝飾重新佈置，又喜歡去旅行，甚至會去一些人跡罕至的地方，所以只有其另一半能忍受他／她這種性格，或本身亦是喜愛變動之人，才能維持長久的婚姻關係。

太陰丘人有先天的健康問題，因其天生肥胖，肌肉鬆弛，故容易有血液循環問題，但並不是血壓高，反而是容易貧血。另外，亦因腹部肥大鬆弛而容易滋生細菌，較大機會患上腹膜炎之類的疾病。

太陰丘又分為上、中、下三個部位（見圖五），如某部位特別多交叉紋、網紋、島紋或其他細紋，則這其實是個疾病的記號——如太陰丘上部亂紋特多，代表這個人容易有腹部疾病；中部亂紋特多，是風濕病的記號；如下部亂紋特多，則是腎、膀胱、泌尿系統疾病的記號。

配偶方面，太陰丘人與高瘦的土星丘最為相配，又其他各丘皆可，唯太陽丘最為不配，因愛漂亮的太陽丘人，實難以忍受太陰丘人的外形及不穩定的個性。

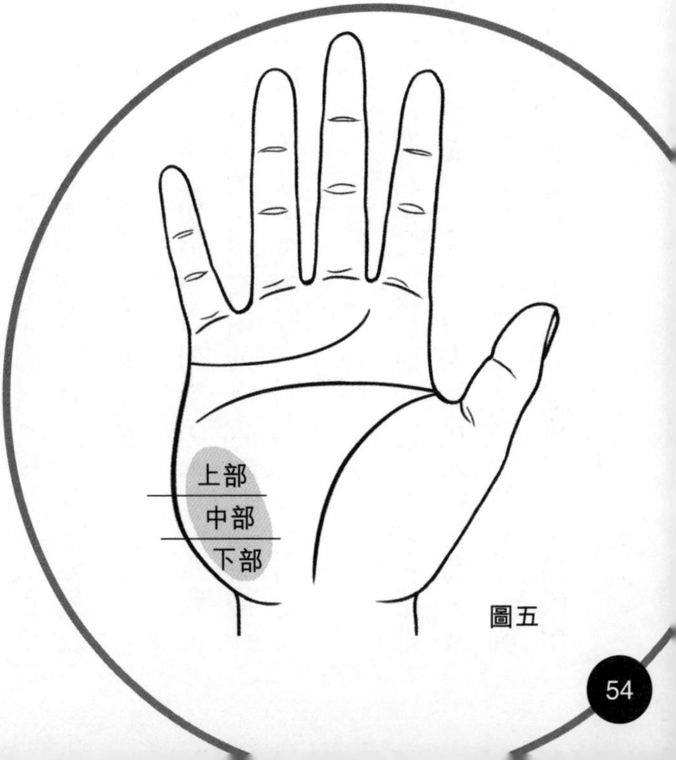

圖五

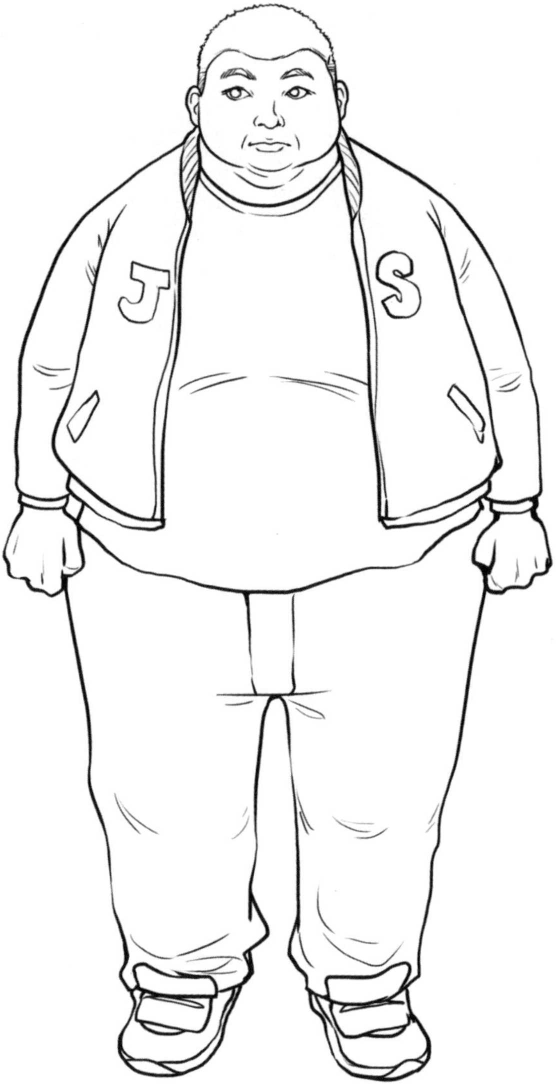

太陰丘人

金星丘人

金星丘人的金星丘強大飽滿，生命線呈大弧形狀，掌色白中透紅，掌形略窄，間或有呈圓形狀。

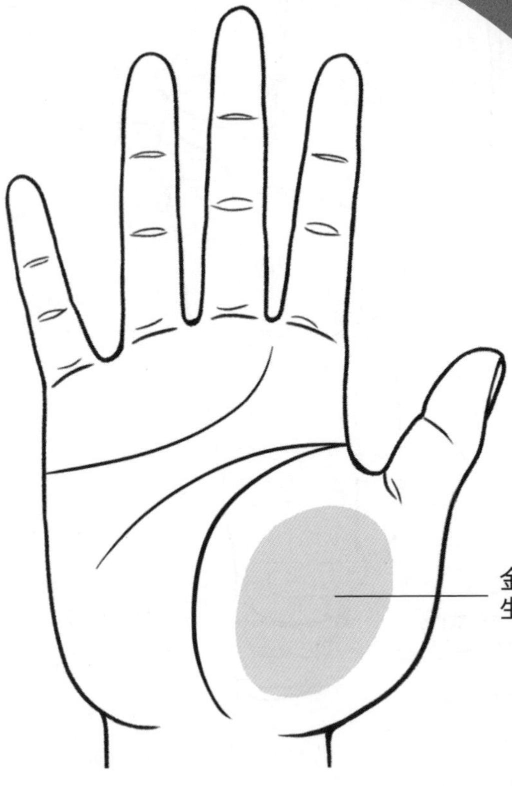

金星丘為女性之丘，因金星丘人以女性為多，間或有男性，其性格較女性更為深思縝密。

金星丘人大多長相漂亮，態度溫和，且性格樂觀，身段美好，高度適中，面色白中透紅，面形為瓜子形，下巴較尖，眼大而眼珠大，鼻形漂亮而不露顴骨。

因金星丘強大之故，其人充滿着愛心，其愛心不單指男女之感情，對一切事物亦同樣充滿着愛心，所以金星丘人大多心性善良，很少會作出犯罪行為。

金星丘人對於愛情的追求是熱烈的，對於異性的追求有着強烈的反應，但這並不代表他/她有濫交行為，因金星丘人的愛情觀着重心靈上的溝通，多於肉體上的性愛行為。所以，對於有些人認為金星丘人天生是博愛者，容易作出不道德的行為，都是美麗的誤會而已。歸根究柢，是因為金星丘人極度需要愛情，才會在與戀人分離以後不久，就與另一個異性約會，予人濫交的感覺。

金星丘人有音樂及歌唱天分，如能加上後天的培養，很容易成為一位出色的音樂家或演唱家；如再加上太陽指長，太陽線明顯，頭腦線下垂，甚至能成為一位舉世知名的作曲家。

金星丘人身體健康良好，很少染上嚴重疾病，最多只是有時會患上神經衰弱。但劣質的金星丘人，如金星丘網狀紋多，手掌軟弱，拇指短小，中指歪曲，就會被情慾支配，因而出現濫交傾向，容易染上性病或不育之症。

金星丘人天性樂觀，且有演戲天分，又他/她每每善於演出悲劇中的悲慘角色，且能賺人熱淚；相反，喜劇角色大多由憂鬱的土星丘人所演活，不知是否每一個人都有着潛在想突破自己性格的思想。

男性以太陽丘人及木星丘人最為優美，女性則以金星丘為尊，故在配偶方面，木星丘人與太陽丘人和金星丘人可算是非常相配，但威武的火星丘人亦容易得到金星丘人的垂青。至於水星丘人與太陰丘人，則最為不配，可能是此兩丘的外形實在不能討金星丘人的歡心。

金星丘人

配丘

以上已論述各丘的主要性格、行為，但我們每一個人的性格都不只由一個丘的特性組成，除主丘外，尚有副丘。有些人有一個副丘，有些人有兩三個副丘，但副丘有三個以上的話，便可能代表其人沒有主丘，性格沒有主體，時而這樣，時而那樣，這樣的人很容易出現思想混亂。

如主丘是木星丘，木星丘代表權力，而其副丘是土星丘的話，便代表其人既具有追求知識及神秘學的興趣，同時亦喜愛大自然生活。

又如太陰丘人性情不定，愛好幻想，但當他／她同時具備太陽丘的個性時，便能把其幻想化為藝術，成為一位天才藝術家。但如果他／她具備了水星丘的性格，便可能成為一個說謊的色情狂，或一個更難捉摸的人。所以，副丘對主丘有着非常重要的直接影響，又其影響可使主丘發揮更大的才華，亦可能把主丘的好處掩蓋。

我們在定出一個人屬於哪一種丘人的時候，最好首先判斷他／她不是屬於哪一種丘，繼而逐一淘汰，並從最終剩下的幾個丘再去判斷其人是屬於哪一種丘人，這樣會較為容易。

如果他／她不是屬於高瘦一類，便一定不屬於土星丘；如果他／她不是矮小的話，則一定不是水星丘；又如果不是特別肥胖，他／她不屬於太陰丘；如果他是男性的話，屬於金星丘的機會也不大，到最後只剩下木星丘、太陽丘及火星丘而已，然後再從掌形、面相觀察。如果他／她不是眉骨凸露，眉眼距離窄，眼深有神而眼帶紅筋，鼻樑有節，唇形薄而緊閉，他／她一定不是屬於火星丘人了。這樣便只剩下木星丘及太陽丘而已——木星丘為人好權勢，太陽丘就風趣隨和，從這兩點去分析，便不難知道他／她是甚麼丘的人。其他各類如水星丘、太陰丘、土星丘人因外貌明顯，故不難被辨認出來。

主丘既定，輔助的副丘自然一目了然。

各類丘人以木星丘、太陽丘、水星丘人佔大多數，其次是土星丘及火星丘，而最少見者為太陰丘與金星丘人。

木星丘人配其他各丘

木星丘人野心大、有抱負，喜支配別人，但如果其土星指長度適中，土星丘掌皮紋亦剛好在土星丘上，且身形略為高瘦，則其人擁有土星丘為副丘的特質。

土星丘人頭腦冷靜，求知慾強，具平衡力，這種個性正好增強了木星丘人的領導能力。但當然，其人同時亦會沾染土星丘疑心重、迷信、憂鬱的個性，成為一個不容易信任下屬的領導。

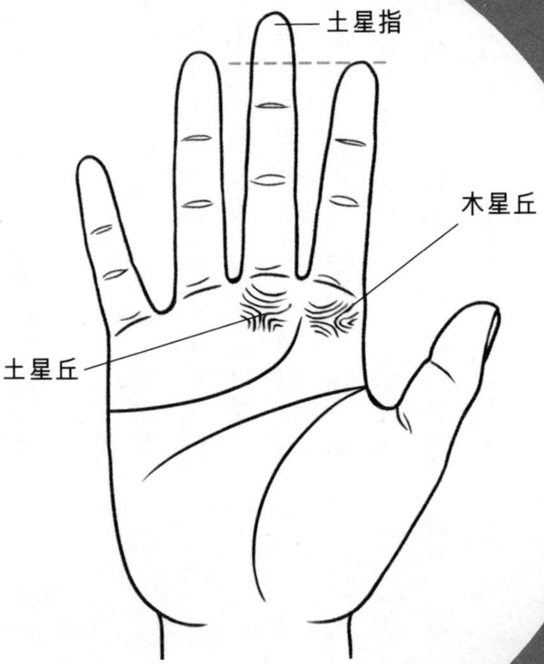

如太陽指長，太陽丘飽滿，則這個木星丘人會帶有太陽丘人的個性。

木星丘配上太陽丘是常見的，太陽丘人性格樂觀，個性風趣、隨和，當木星丘配上太陽丘，則其人不難成為一個帶有幽默感的領導者，容易受群眾愛戴，只是容易帶有太陽丘人好誇大的個性而已。

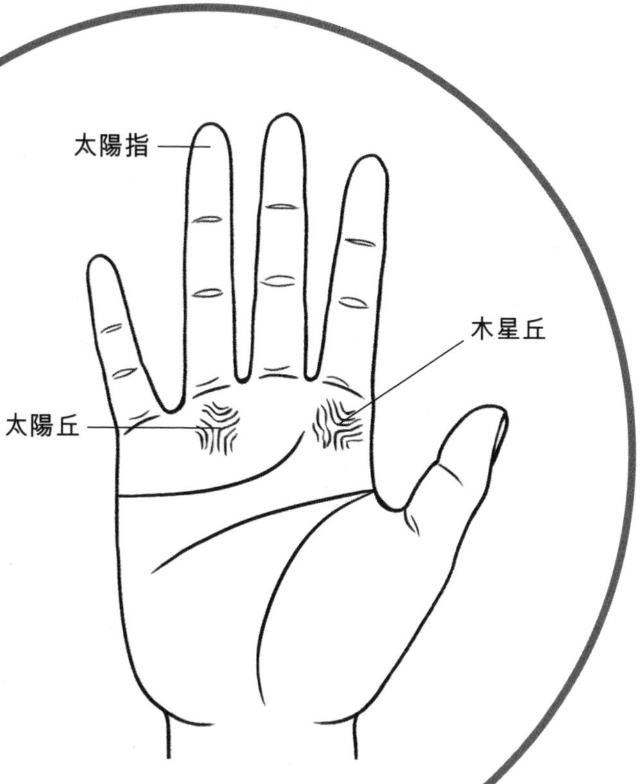

如水星指長度遠超標準（即其長度達至太陽指第一節及第二節之中間線），水星丘飽脹，則這個木星丘人便帶有水星丘人口才伶俐、機智善變、有謀略的個性，但當然亦增加其不忠實及狡猾的個性，令他／她每每傾向於權力鬥爭之中，最後落得失敗收場。

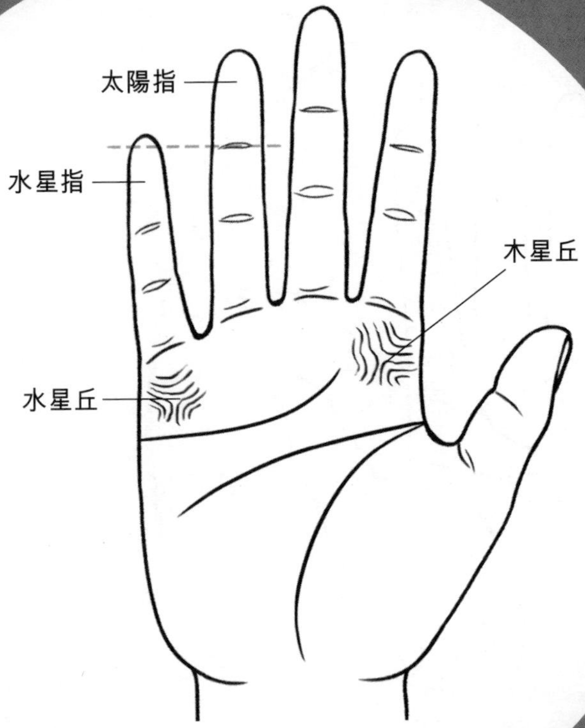

如果上下火星丘發達，這個木星丘人便帶有火星丘人具侵略及防守的個性，而此種不服輸的個性，將更能推動木星丘人邁向成功。不過，由於火星丘人帶有強烈的侵略性，故可能使之成為一個愛好戰爭、爭鬥的領導人。

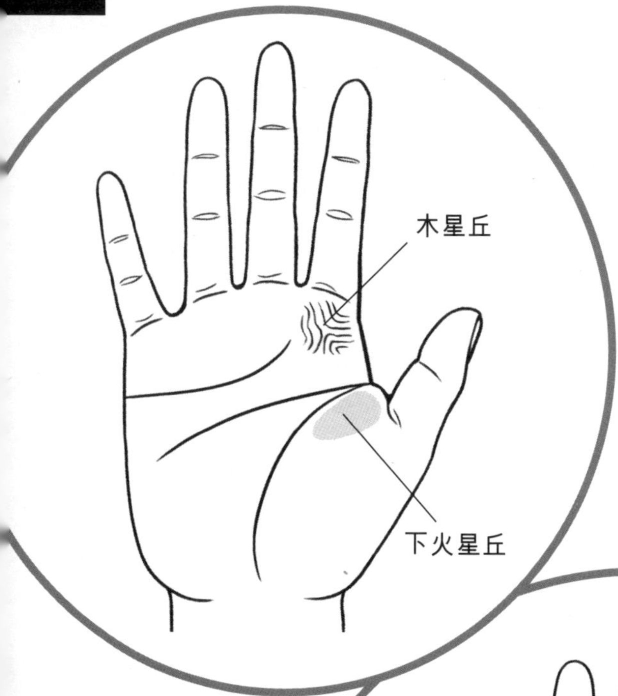

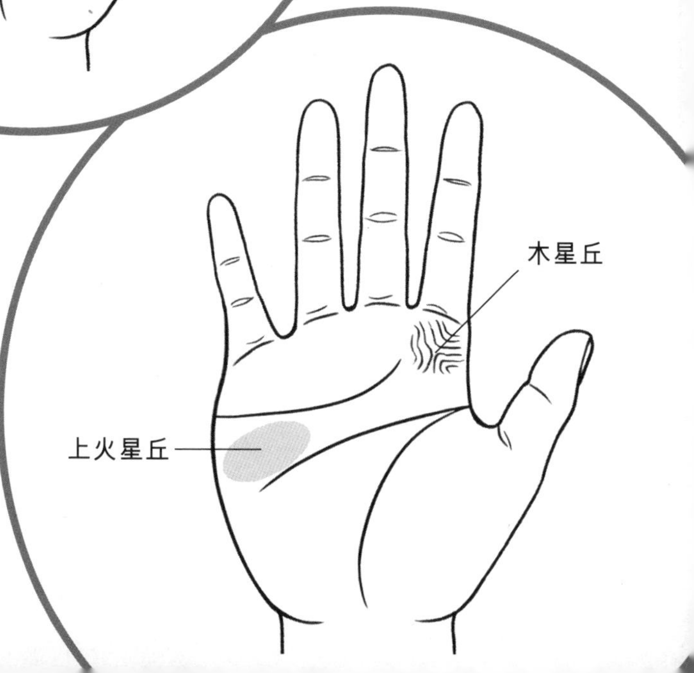

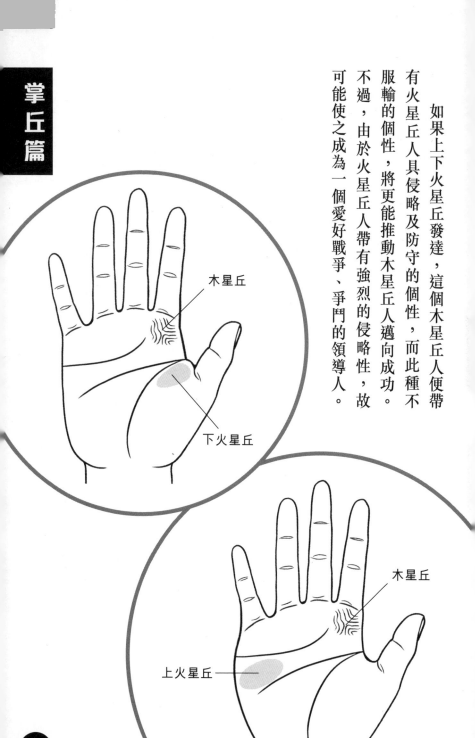

如太陰丘飽脹，頭腦線又下垂至太陰丘，這對木星丘人來說，並不是一個良好的配合，因為太陰丘的神經質、情緒不定、幻想重的個性會嚴重破壞木星丘人的領導特質。

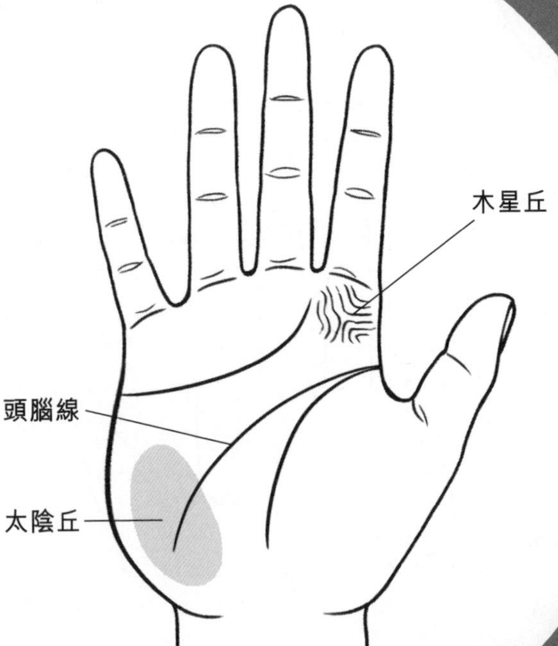

如金星丘飽脹，成為了木星丘人的副丘，就會形成一個很好的配合，這樣的人即使處於領導地位，亦能體察別人的痛苦，成為一個有愛心的領導人。

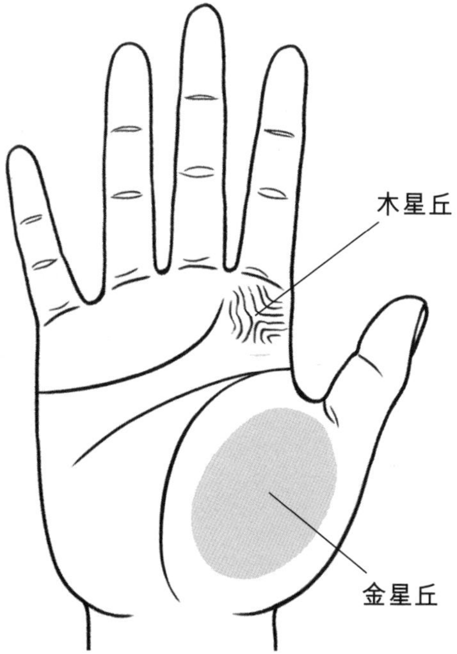

土星丘人配其他各丘

土星丘人具平衡力，求知慾強，有智慧而處事冷靜，但同時亦具有疑心重、憂鬱、迷信的個性。

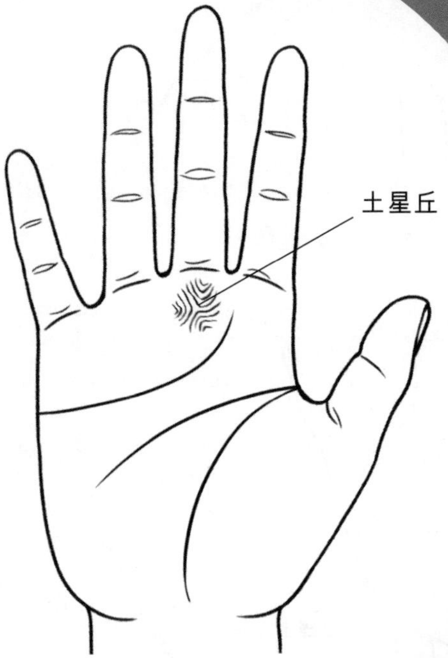

如木星丘飽脹，木星指長度適中，則即使三角葵狀紋沒有出現在木星丘上，亦代表這個土星丘人具有木星丘的個性。

木星丘的特質為領導慾強，名利心重，但這樣與土星丘的性格剛好背道而馳，因土星丘愛獨處而木星丘則愛面對群眾，所以土星丘配上木星丘者，最適宜從事學術研究、宗教研究或神秘學的研究，因在其研究之時，必然處於孤獨的狀態，但一旦研究成功，公諸於世之時，又可以鋒芒畢露地面對群眾。

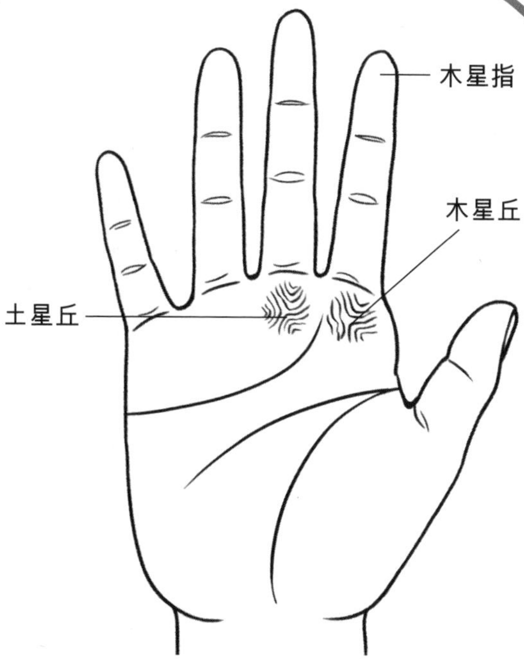

如太陽指長，三角掌皮紋在太陽丘上，或者太陽丘下有太陽線出現，這個土星丘人便帶有太陽丘人的個性。

太陽丘人愛漂亮，儀容整潔，個性風趣而樂觀，可減輕土星丘人孤獨憂鬱的個性。又太陽丘為藝術之丘，有音樂才華，這種才華亦與土星丘吻合，但土星丘人喜歡哀怨的音樂，與太陽丘人喜歡輕快的音樂有所不同。

土星丘配上太陽丘，如果傾向於藝術發展的話，不難成為一位出色的雕刻家、畫家；又因土星丘人愛孤獨，所以發展個人的創作藝術會比群體藝術為佳。

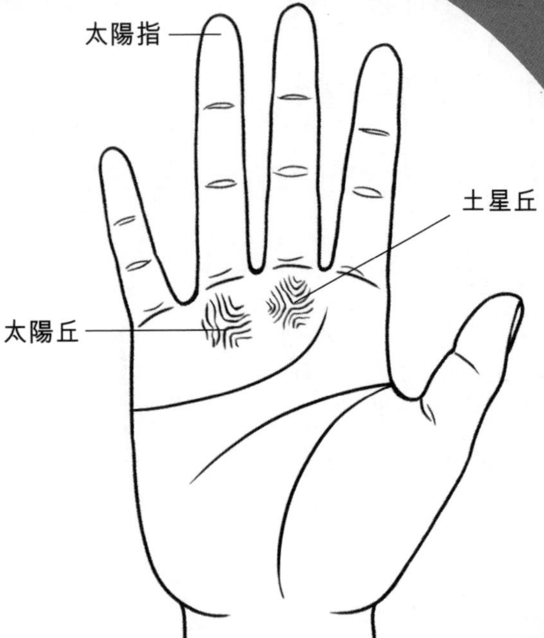

如水星指長度達至太陽指第一節及第二節之中間線，水星丘飽脹，則即使沒有水星線或三角掌皮紋存在，這個水星丘亦能成為土星丘人的副丘。

土星丘遇上水星丘，如果掌形美好，品格優良，將可把土星丘人的求知慾與水星丘人的科學天才、商業頭腦結合在一起，這樣不難成為一位出色的科學家、玄學家、宗教家、古董鑑賞家。

但劣質的土星丘人再配上水星丘的話，必然會成為一個極工心計的説謊者、陰謀家、犯罪天才，即使作出犯罪行為，別人也不容易把他/她繩之於法。

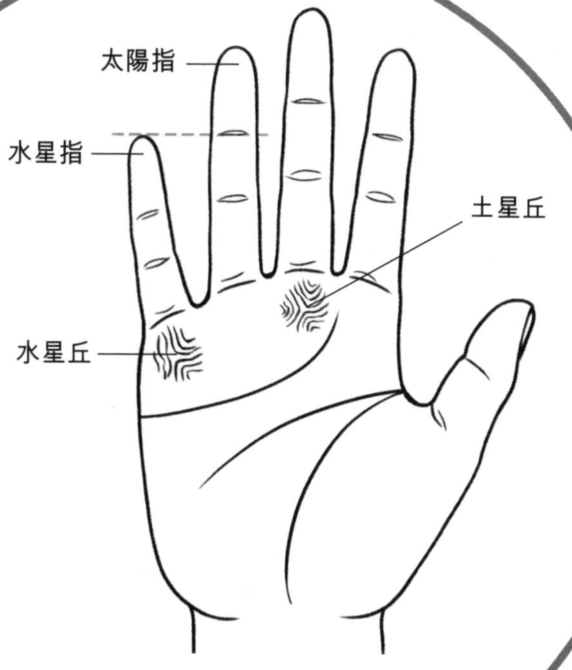

如果上火星丘飽脹，掌邊呈弧形狀，這個土星丘人便帶有上火星丘的個性，而上火星丘發達，就主其人有堅忍的精神，配合土星丘冷靜的性格，則其人會更加冷靜、陰沉。

不過，土星丘配上火星丘，在掌形方面並不常見，因土星丘人的掌形大多窄長，故上火星丘多數並不發達，且土星丘配上火星丘，在個性方面並無好壞影響。

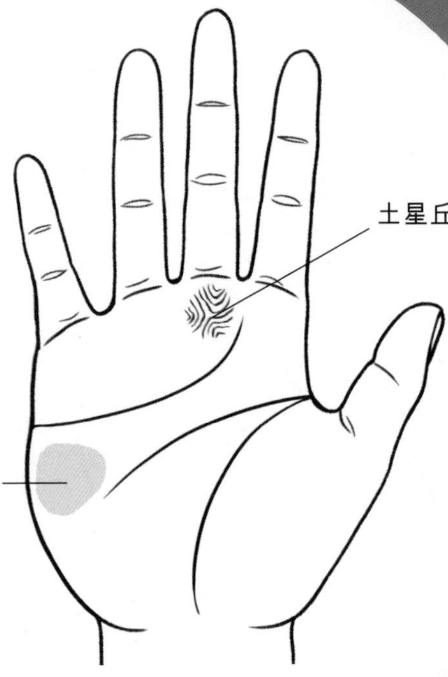

如下火星丘發達，則能增加土星丘人的積極性，對發展事業或探索神秘的東西或領域有着正面作用。

不過，如果遇上劣質型格的話，則其人會成為一個好攻擊別人的陰謀家，工於心計，令人難以應付。

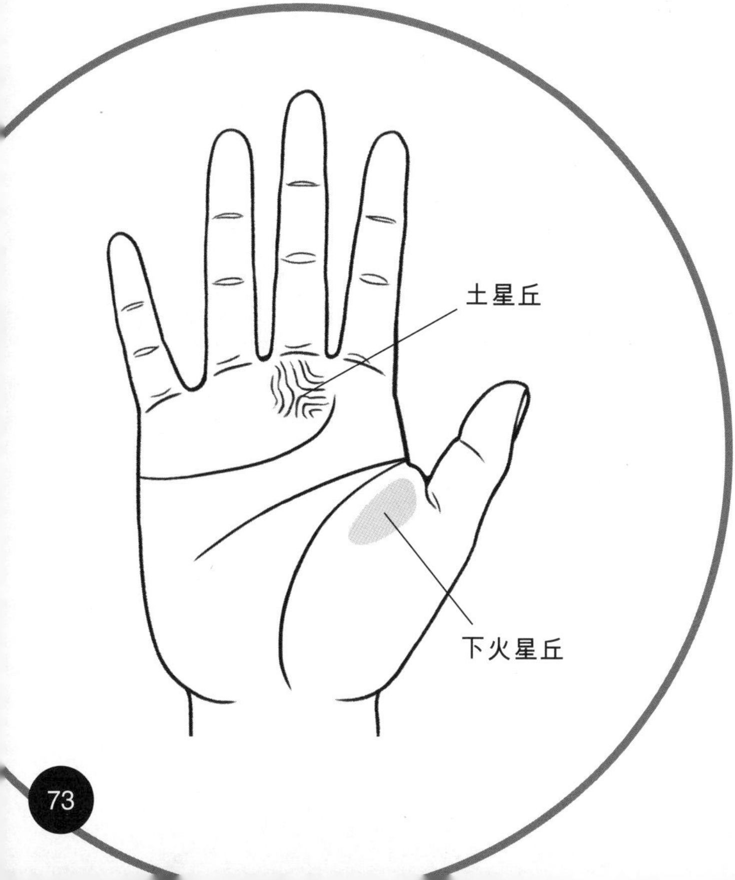

太陰丘飽脹，令土星丘人帶有太陰丘人的個性，其實是非常常見的，因太陰丘人個性自私、愛幻想、神秘，這與土星丘的個性可說是有着共通之處。

如果品質優良的話，則其人能把這種愛幻想、心意不定的個性用於創作方面，不難成為一位出色的小說家、編劇家、作曲家；但如果屬於劣質形格的話，就會與水星丘為副丘有着相似之處，不難成為一個出色的犯罪者。

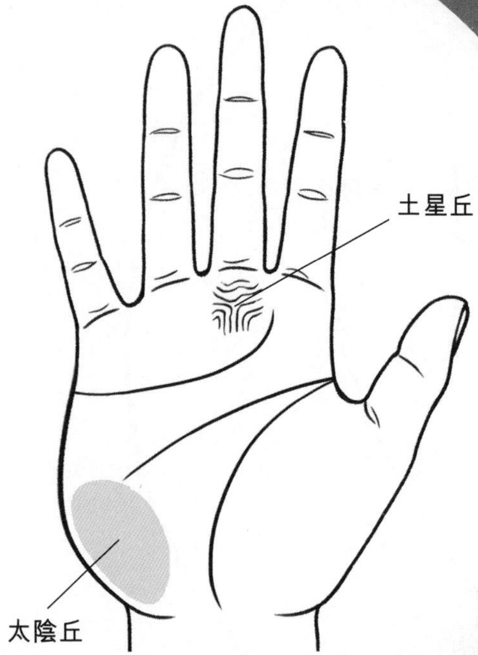

如金星丘飽滿，就代表這土星丘人帶有金星丘人的個性，但這組合並不常見，因土星丘的冷靜與金星丘的熱情是背道而馳的，所以金星丘成為土星丘的副丘之機會不大。

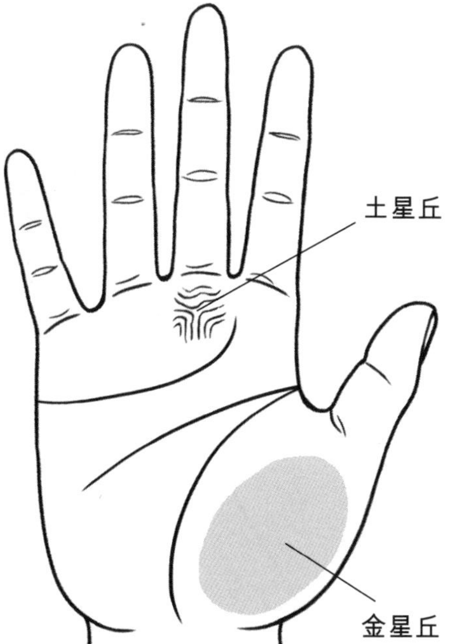

太陽丘人配其他各丘

太陽丘人愛漂亮、樂觀、風趣、隨和，有藝術天分，缺點是虛榮心重、愛炫耀自己及有賭博傾向。

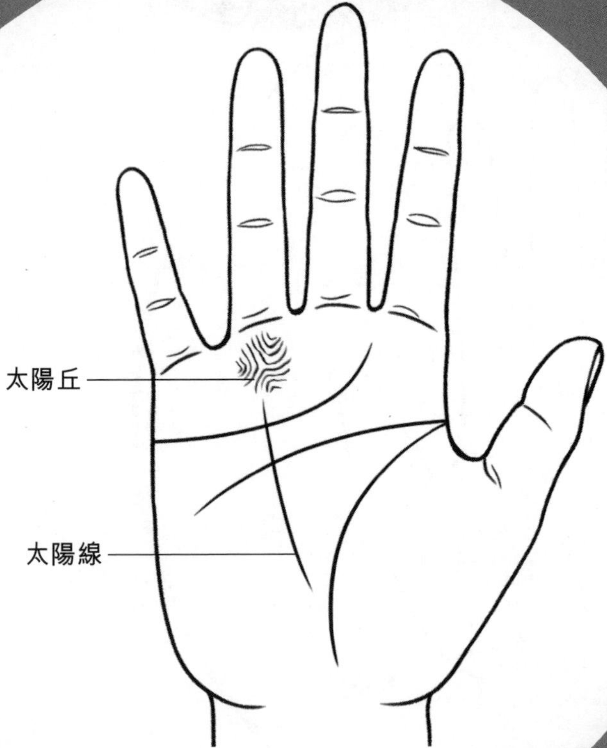

如木星指長，木星丘飽脹，木星丘便可能成為太陽丘人的副丘。

木星丘人抱負大，領導慾強，很容易引領這個太陽丘人走向成功，又太陽丘的藝術天分加上木星丘的領導能力，將不難成為一位出色的演員，尤其是飾演一些英雄人物，更是入木三分，得到別人的認同；再加上太陽丘人外表吸引，不難成為一位眾人敬仰的明星。另外，太陽丘及木星丘人的聲音皆響亮悅耳，故亦不難成為一位出色的歌手，如果出生於秋天則更為準確，即使不作幕前演出，亦容易成為出色的導演或監製。

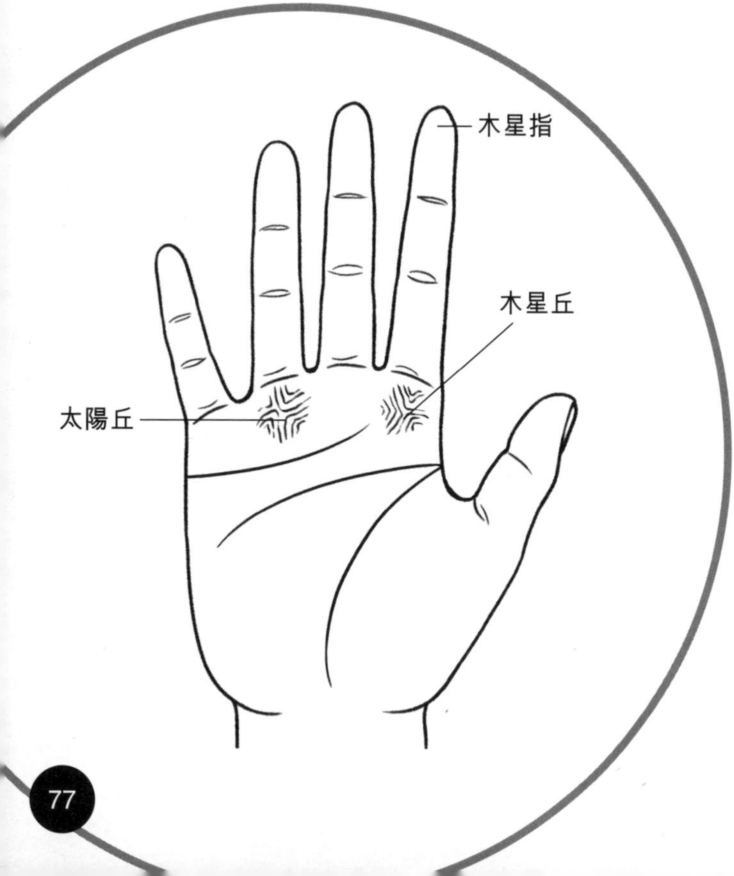

如果土星指長，土星丘之三角掌皮紋在土星丘上或土星丘飽脹，這樣土星丘便會成為太陽丘人的副丘，但這種情況並不多見，因土星丘人與太陽丘人的性格是相反的，並不容易融合起來。

如果真有這種情況發生——土星丘為太陽丘的副丘，將會對太陽丘人有極大幫助，因善於理財的土星丘正好補足太陽丘人胡亂揮霍的個性。

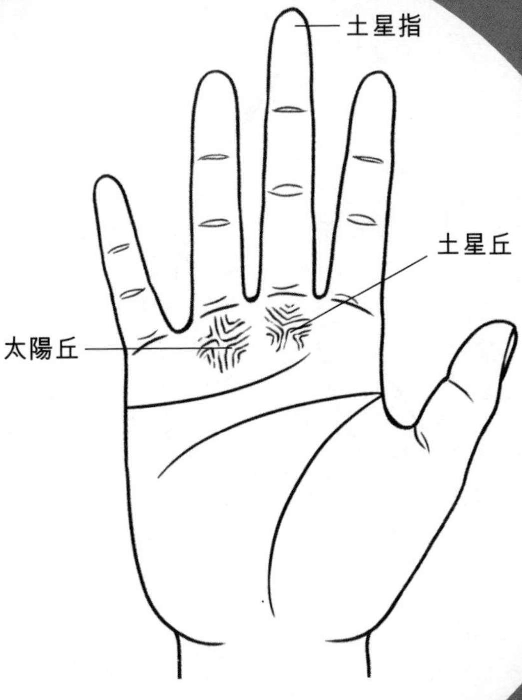

如水星指長，水星丘飽滿或水星線明顯，則水星丘會成為太陽丘人的副丘，又這個情況一般較為常見。

水星丘人能言善辯，機謀計算，如加上太陽丘人的隨和性格，不難在商場上面面俱圓。然而，本身已愛好浮誇的太陽丘人，如再加上水星丘人的狡猾，就容易變成一個不腳踏實地的人。

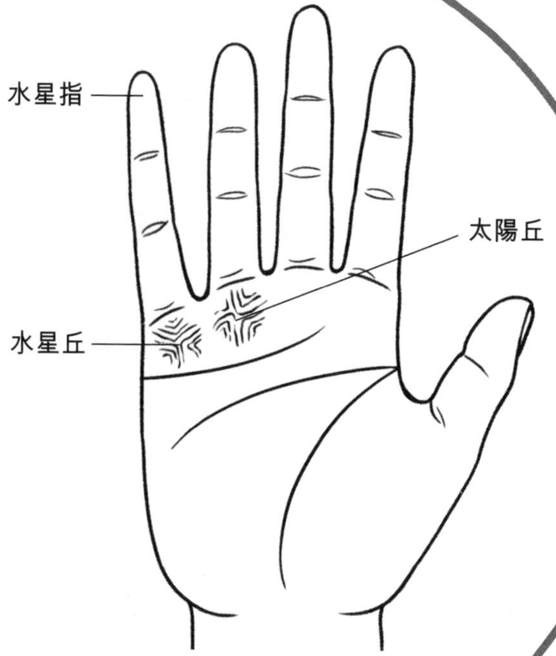

如上火星丘飽滿，且掌邊圓厚，則這個上火星丘可以成為太陽丘人的副丘。

上火星丘人性格堅忍，有忍耐力，可以把太陽丘人浮誇的性格壓制下來，使其能鎮靜地應付一切在進行的事情，即使面對逆境亦能沉着應付，最後達致成功。

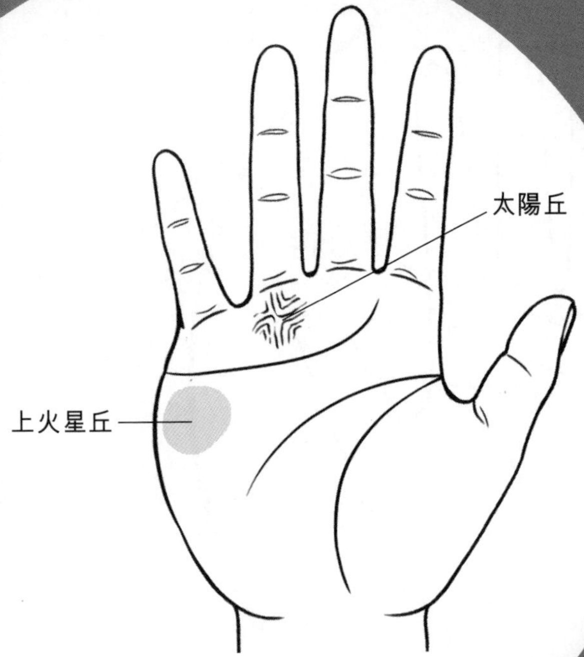

下火星丘飽滿者，可成為太陽丘人的副丘。

下火星丘代表進取、攻擊力強，好處是太陽丘得到下火星丘的幫助後，大大地增強了其勇氣，從而獲得更大的成就；但下火星丘人的壞脾氣同時會破壞太陽丘風趣、隨和的特質。

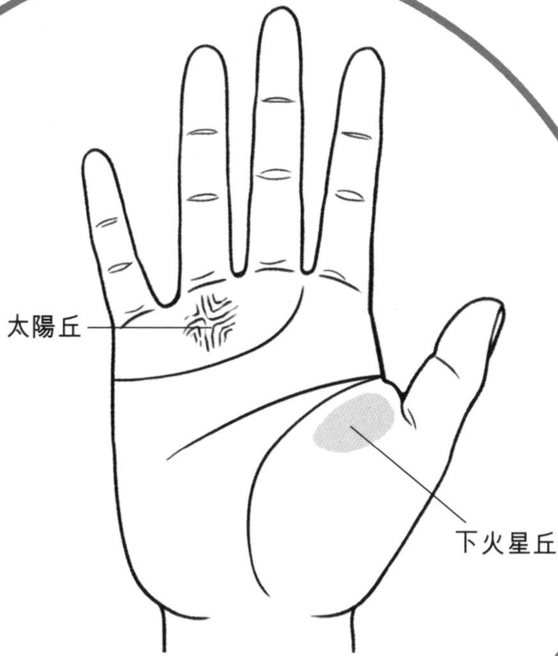

飽脹而富有彈性的太陰丘，能成為太陽丘人的副丘。

太陰丘人神經質、不穩定、幻想重、言語表達力強，在正面而言，太陽丘人的藝術才華，加上太陰丘人的幻想能力，不難成為一位出色的創作人，無論音樂也好，小說也好，電影劇本也好，都容易創作出一些別人想不到的東西。

然而，當劣質的太陽丘再配上劣質的太陰丘，則代表浮誇再加上幻想，使其人成為一個出色的騙子。

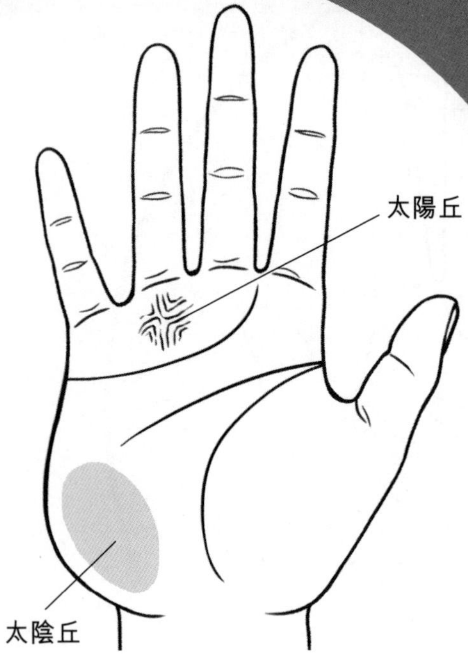

如金星丘飽脹，生命線之弧形大，形成金星丘所佔的比例也大，這樣金星丘便成為太陽丘人的副丘。

金星丘代表愛心、樂觀、有音樂及歌唱天分，與太陽丘人有着相同之處，代表能增加其藝術才華。不過，當太陽丘人的漂亮加上金星丘人的熱情，則其人一生難免陷入感情的漩渦。

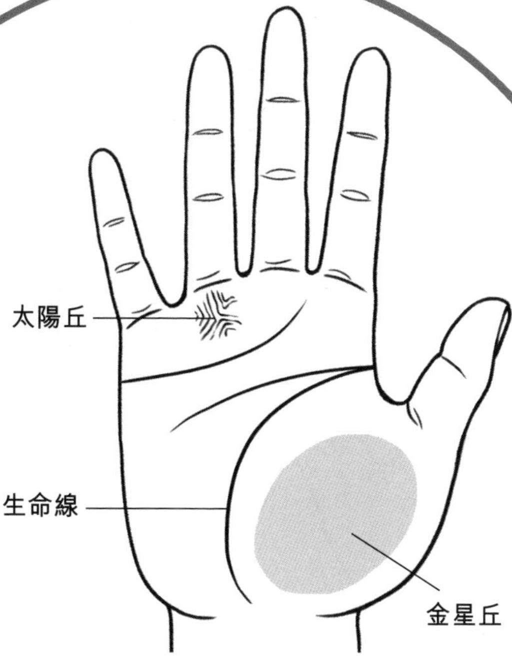

水星丘人配其他各丘

水星丘人思想靈活，觀察力強，為人勤奮，言語表達力強，有語言天分。

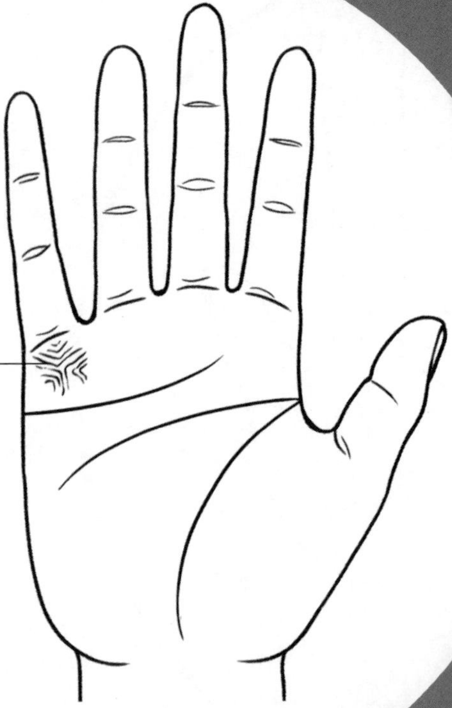

如木星丘飽脹，木星指長，則這個木星丘可以成為水星丘人的副丘。

木星丘人有領導慾，野心大，喜支配別人，配上水星丘人的能言善辯，不難成為一個出色的律師。另外，矮小的水星丘人配上木星丘人的儀表，亦較容易獲得別人的信任，增加其對人的信服力。

事實上，得此二丘配合者亦容易成為一位出色的醫生，如在水星指下有多條直線則更為準確。

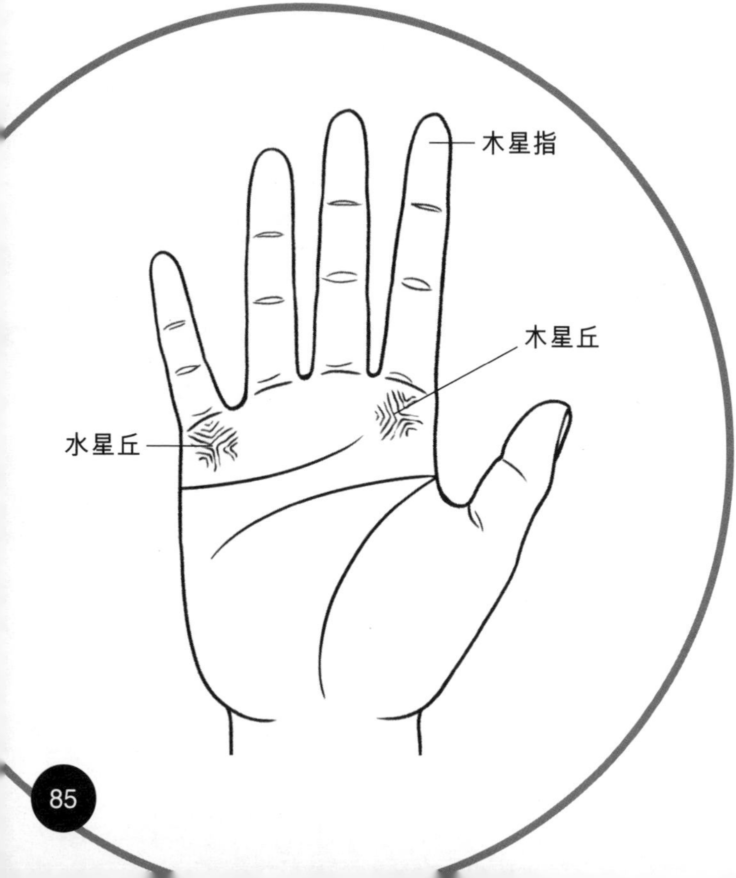

如土星指長，土星丘飽脹或三角掌皮紋在土星丘下，則其可成為水星丘人的副丘。但土星丘與水星丘人皆有潛伏性的犯罪傾向，如品質形格不優良，加上各手指彎曲，就更要提防。

相反，如屬優質的話，則土星丘的專注加上水星丘人的科學才華，將不難成為一個科學家、體育家或機械設計師。

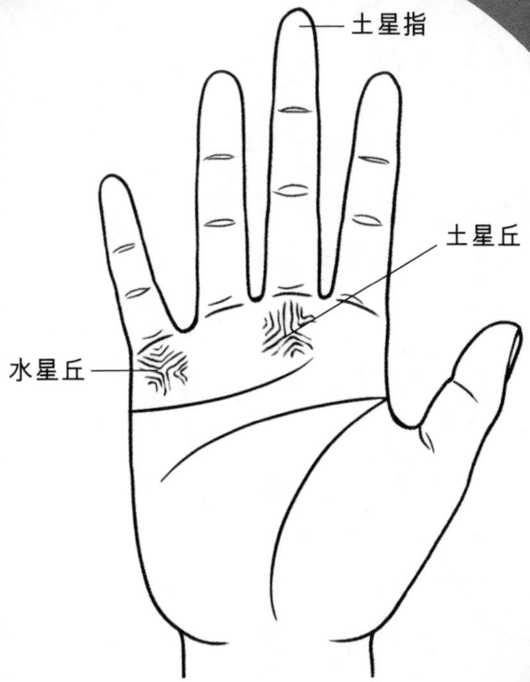

太陽指長，太陽丘飽滿或三角掌皮紋在太陽丘下，則此太陽丘可成為水星丘人的副丘。

水星丘人之能言善辯，善於理財，加上太陽丘人之樂觀及善於交際的個性，將不難成為一個出色的銀行家或金融機構的要員。

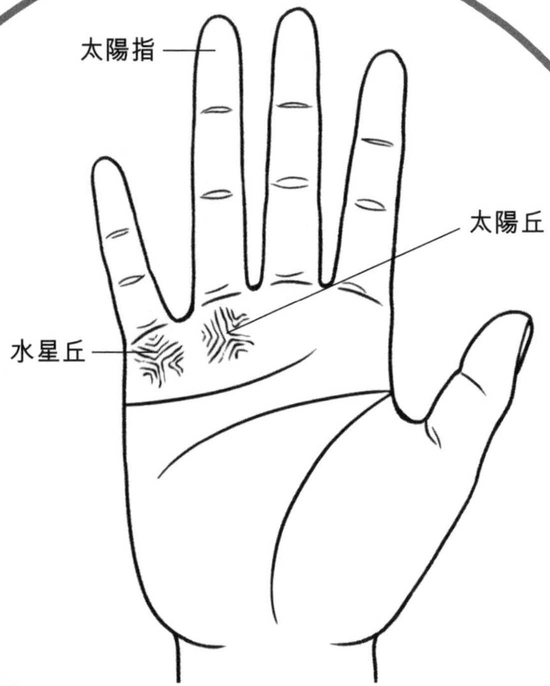

如上火星丘飽脹，加上掌邊闊而有彈性，則這樣的上火星丘可以成為水星丘人的副丘。上火星丘的特性是抵抗力強，意志堅韌，這將有助減低水星丘人衝動、急進的個性，令其歸於正軌，沉着應戰。

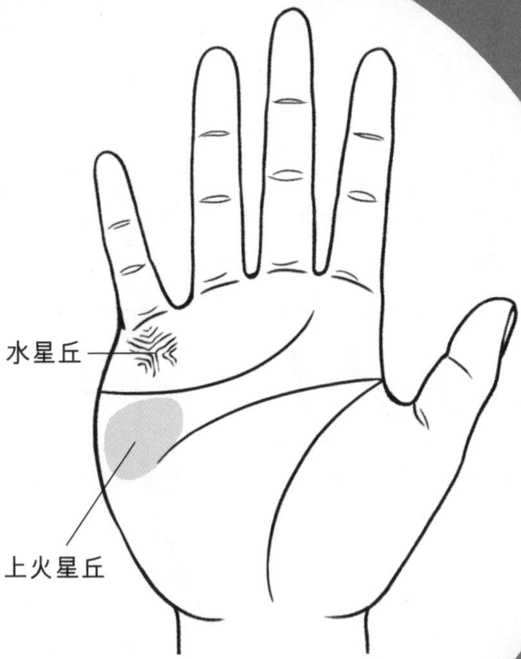

如下火星丘飽脹而有彈性，則下火星丘亦能成為水星丘人的副丘。下火星丘人富侵略性、好攻擊，這種個性可能對水星丘人產生壞影響，因水星丘人狡猾性強，如配上好攻擊的下火星丘，便可能成為一個難於應付的壞人。

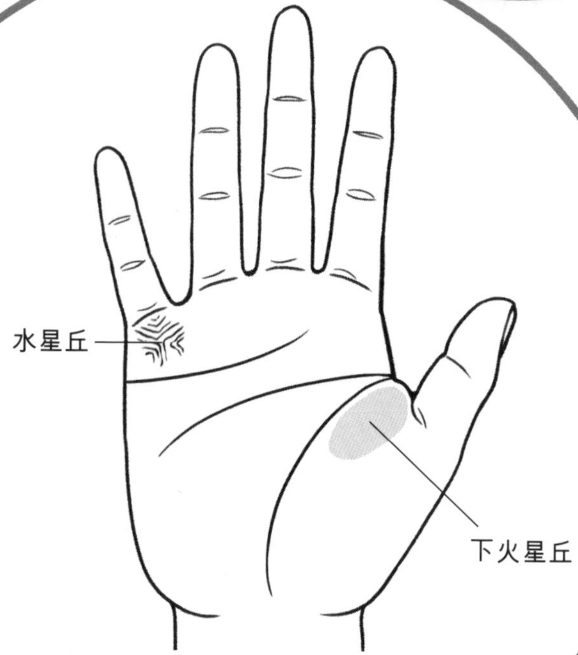

如太陰丘飽脹而有彈性，亦可成為水星丘人的副丘，但遇上這種情況的機會不大，因太陰丘人充滿幻想、空想，而水星丘人則是一個現實主義者，所以兩種性格不容易共存，除非劣質的水星丘人配上太陰丘人的神秘感，便容易成為一個出色的騙徒。

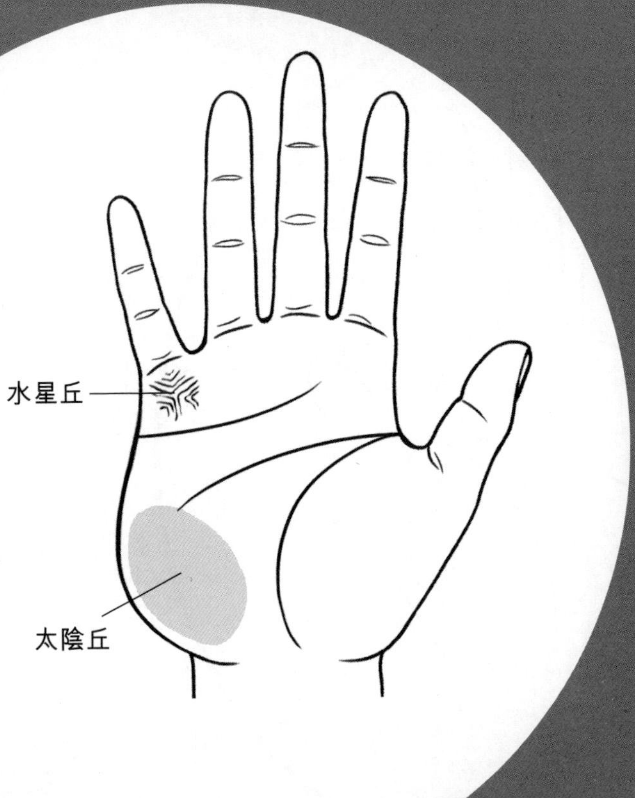

金星丘飽脹，生命線向外伸延形成金星丘強大，就可以成為水星丘人的副丘。

金星丘的特質是溫柔、熱情、有愛心，這些特質可以減低水星丘人狡猾的劣質性，對其有間接的幫助。同時，亦能減低其人對物慾的追求，多關注身邊人的感受。

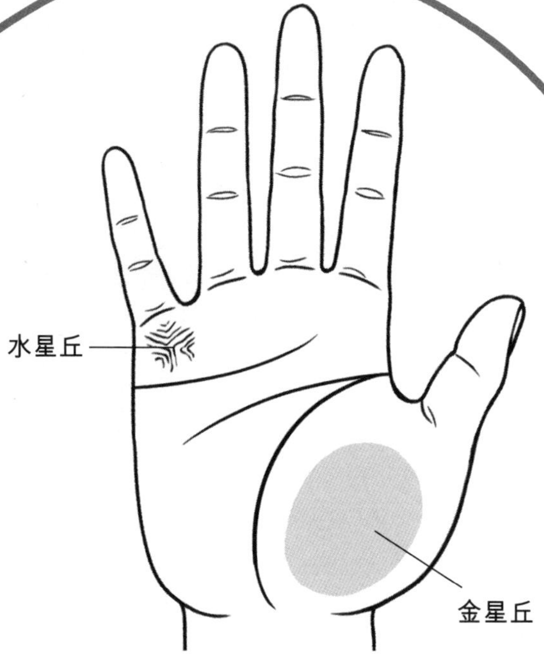

火星丘人配其他各丘

上下兩個火星丘，一個處於實際世界內，一個處於本能世界內，如兩者同樣飽滿，代表其人既具防守力，亦具攻擊能力。如加上頭腦線橫向，線尾微微向下垂，就最為適宜，因腦線下垂的話，實際世界所佔的比例會較大而本能世界的較小。

相反，腦線不下垂，反而向上伸延，甚至觸及感情線，便會變成實際世界較小而本能世界極強，增加火星丘人的攻擊性，導致理智不能控制本能，往往為求達到目的而不擇手段，甚至會發生打架、殺人、強姦等行為。

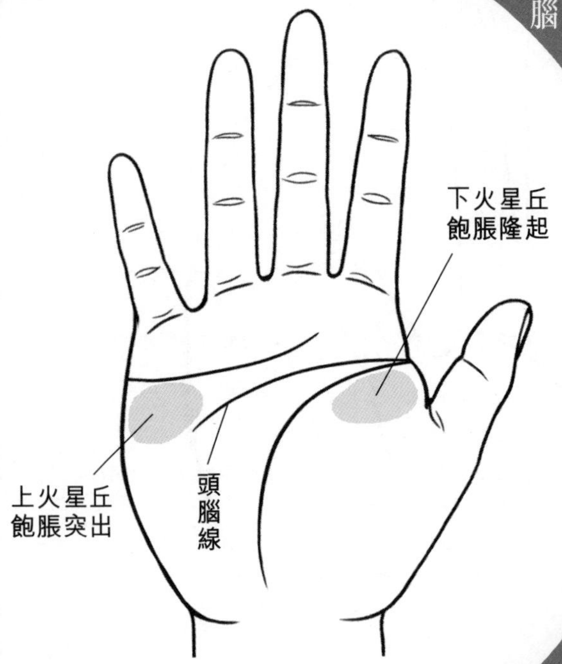

如木星指長，木星丘飽脹，或三角掌皮紋在木星丘上，則這個木星丘便可成為火星丘人的副丘。木星丘的特性是領導慾強，當再加上火星丘人的抵抗性及進取性，容易令其成為一個領導者。

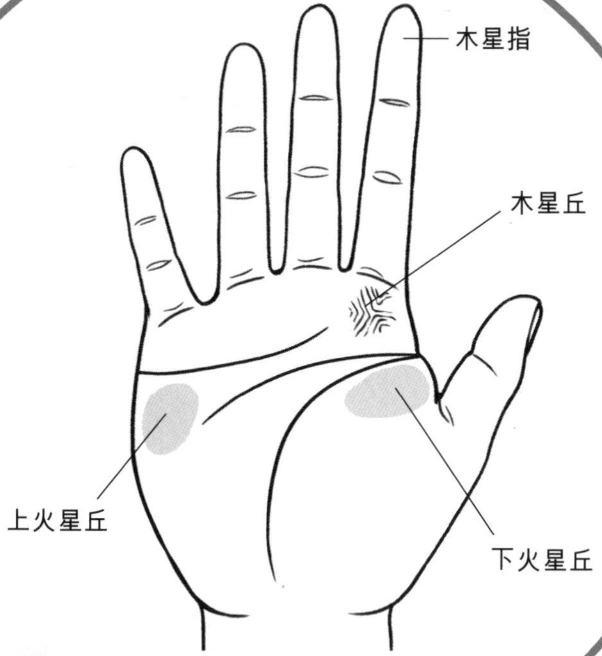

如土星指長，土星丘飽脹或三角掌皮紋在土星丘上，這個土星丘就會成為火星丘人的副丘。

土星丘的特性是具平衡力，而這種素質與上火星丘相同，故更能加強火星丘人之抵抗能力。

另外，下火星丘飽脹配上土星丘的特性，亦能平衡下火星丘侵略性強的特性。不過，如土星指彎曲，配上脾氣暴躁的火星丘人，就會令其性格更極端、更不穩定。

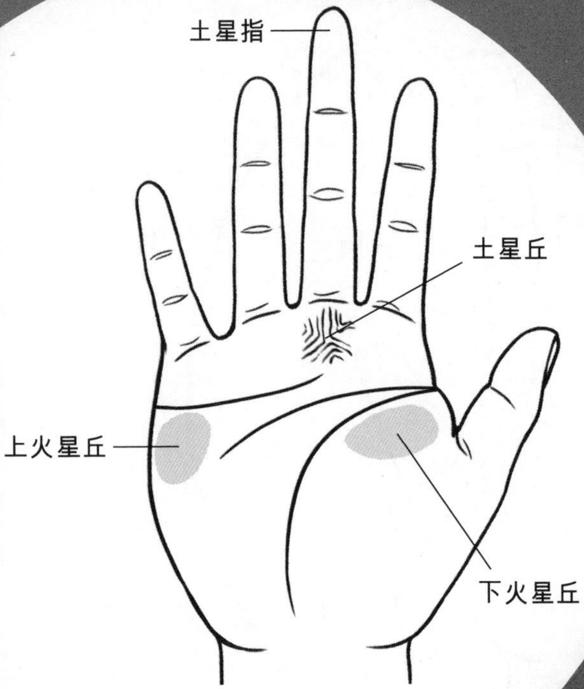

如太陽指長，太陽丘飽滿或三角掌皮紋剛好在太陽丘上，這樣太陽丘可以成為火星丘人的副丘。

太陽丘人的幽默、風趣正好減少火星丘人的粗魯行為，亦能平衡他/她脾氣暴躁的性格，在儀表上較易被人接受。

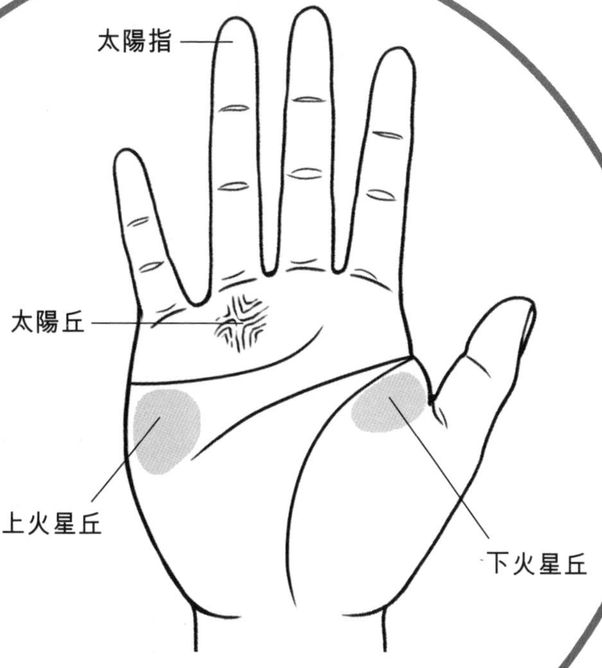

如水星指長，水星丘飽脹或三角掌皮紋剛好在水星丘上，則水星丘可成為火星丘人的副丘。水星丘人能言善辯，手腕圓滑，與火星丘人的性格極不融和，故水星丘不容易成為火星丘人的副丘。

不過，如果形格及搭配優質的話，水星丘人手腕圓滑的個性會給予脾氣暴躁的火星丘人極大幫助，倘能加上上火星丘人的忍耐力，便更容易令其成為一個受群眾愛戴的領袖。相反，如屬劣質的話，則火星丘的進取、忍耐，加上水星丘人的詭計陰謀，便不難成為一個出色的壞分子、犯罪天才。

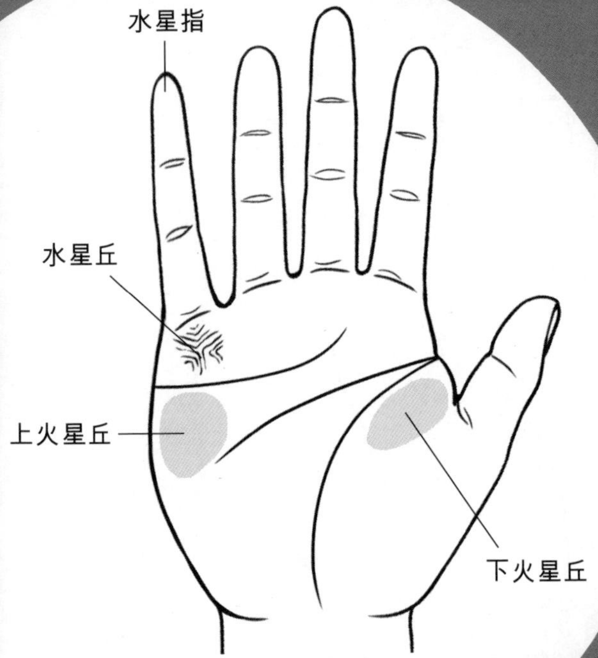

太陰丘飽脹而厚的話，亦能成為火星丘人的副丘。太陰丘的特質是愛幻想、個性冷酷、不安定，正好把上火星丘的穩定性破壞，使下火星丘進取侵略的個性加強，所以這並非一個良好的配合。

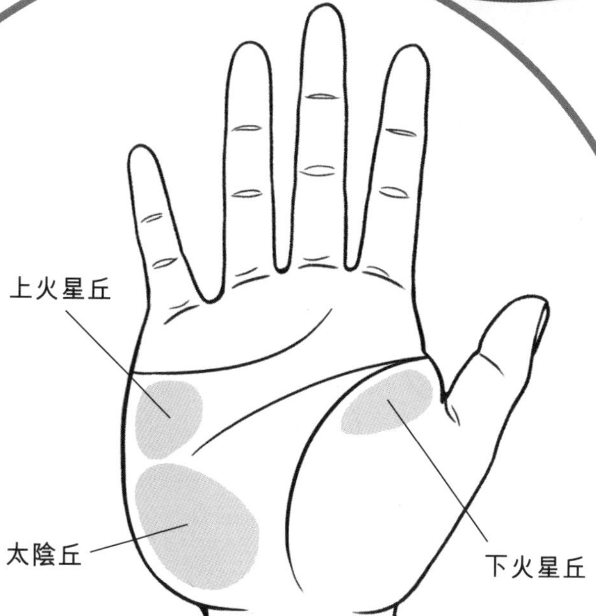

金星丘飽脹而厚，生命線開闊呈弧形，形成金星丘強大的話，則這樣的金星丘亦可成為火星丘人的副丘。

金星丘的特質是熱情、有愛心、富同情心，這樣對上火星丘並無幫助，但對侵略性強的下火星丘則有很大幫助，使他／她能在身處鬥爭之時，保存應有的人性與愛心，不至於成為一個殘酷自私的領袖。

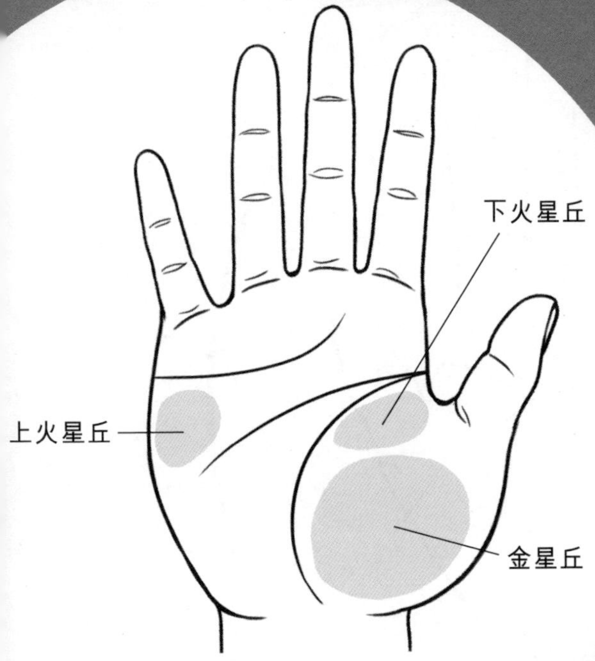

太陰丘人配其他各丘

太陰丘人的特質是神經質、愛幻想、神秘、冷酷、不安定，所以太陰丘特別需要其他副丘的支持，令其幻想得到實現。

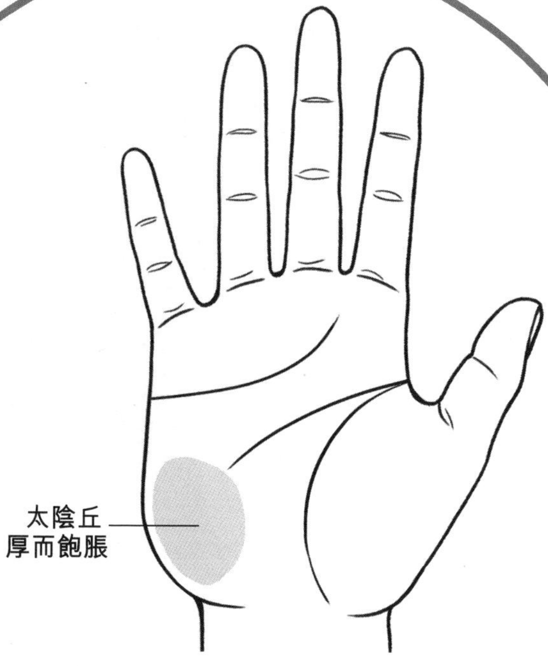

如木星指長，木星丘飽脹，或三角葵狀掌皮紋在木星丘上，這樣的木星丘可成為太陰丘人的副丘。

木星丘的特質是上進心強，有野心，這正好推動愛幻想的太陰丘，使其幻想得以實現。

由於太陰丘人天生領導慾不強，不容易感染木星丘人愛支配別人的個性，所以這是一個較為良好的配合。

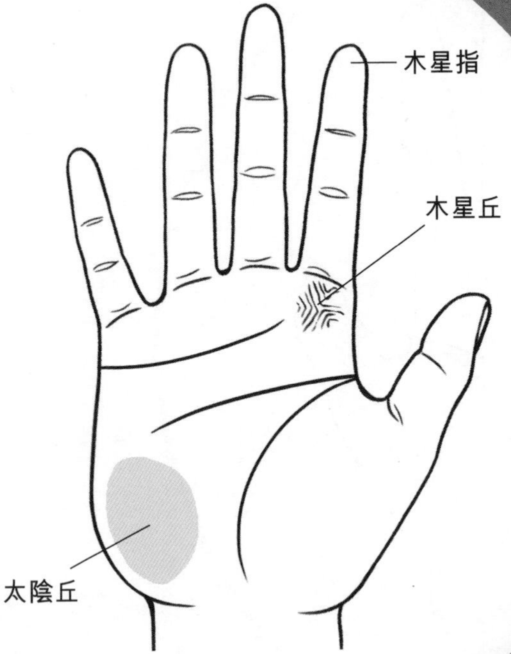

如土星指長，土星丘飽脹或三角葵狀掌皮紋在土星丘上，這樣土星丘會成為太陰丘人的副丘。

土星丘人個性孤獨，有神秘感，這種個性與太陰丘有共通之處，因土星丘人愛好藝術，如再加上太陰丘人的幻想能力，便更容易推動其人成為一位出色的創作藝術家。

又土星丘人個性傾向迷信，愛好研究神秘學，當再加上太陰丘人的神秘個性，則對於研究神秘學，如命理學、占星、宗教等會有極大幫助。

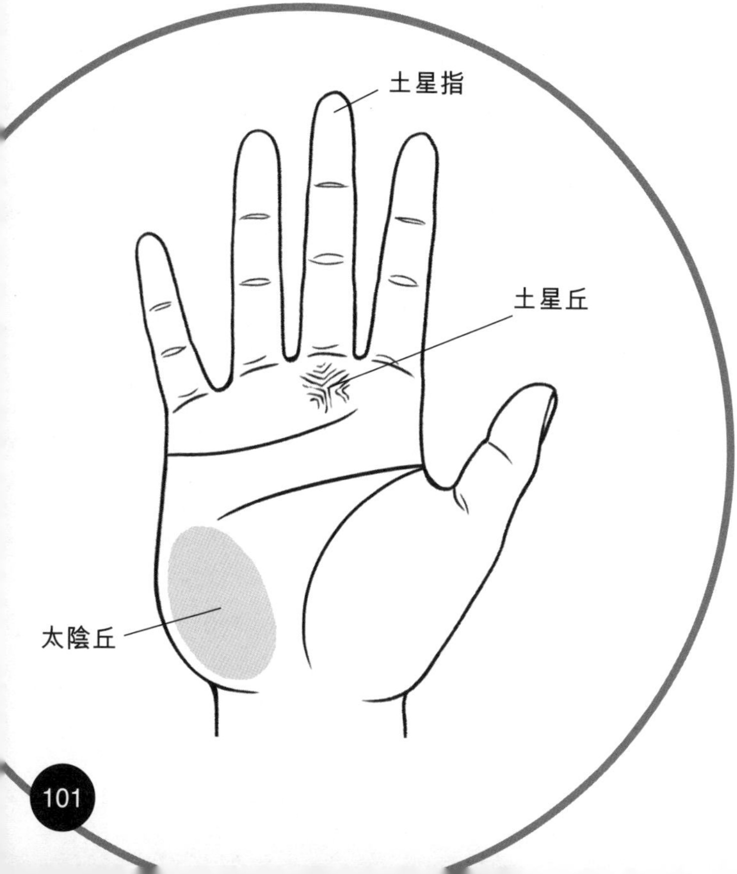

如太陽指長，太陽丘飽滿或三角葵狀掌皮紋落在太陽丘上，則太陽丘可成為太陰丘人的副丘，但這樣的組合並不常見，因太陽丘人活潑愛美及愛交朋結友的個性與太陰丘人極度不同，以致這兩種性格不容易融合起來，唯太陽丘人的表達能力對太陰丘人將有極大的幫助。

此外，由於太陽丘人及太陰丘人皆有直覺及藝術天分，故當這兩者組合在一起時，更容易使其人成為出色的畫家、藝術家。

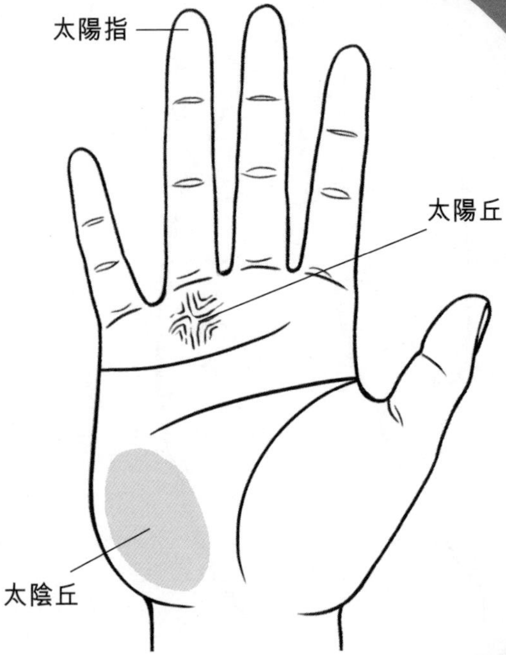

如水星指長，水星丘飽脹或三角葵狀掌皮紋在水星丘上，水星丘便可以成為太陰丘人的副丘。水星丘人的特質是善於理財，積極而做事主動，這對於懶惰的太陰丘人有極大幫助。又水星丘人的狡猾加上辯論的才華，如果任職律師的話，必然是一位很出色的律師；但如果他/她屬於劣質型格的話，就必然是一個出色的騙子，甚至幻想自己成為神仙托世或是上天指派下來的人，不但能欺騙別人，甚至欺騙自己。

又太陰丘人喜歡神秘，愛談論神鬼，如加上水星丘人的表達力及口才，亦可以成為一個出色的手相學家，但一般的江湖術士，屬於這兩個組合的亦不少。

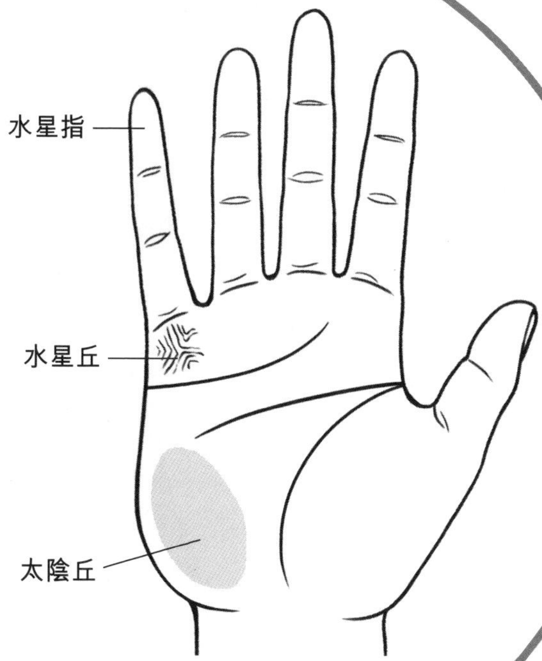

如掌邊肌肉飽脹，肉厚而有彈性，則上火星丘亦可成為太陰丘人的副丘。

上火星丘人的特質是堅忍、有忍耐力，而太陰丘則是一個充滿幻想、不想面對現實、心性不定而又容易見異思遷的人，所以上火星丘的抵抗能力對太陰丘不穩定、無持久力的個性，產生很大的正面作用，這是一個非常良好的配合。

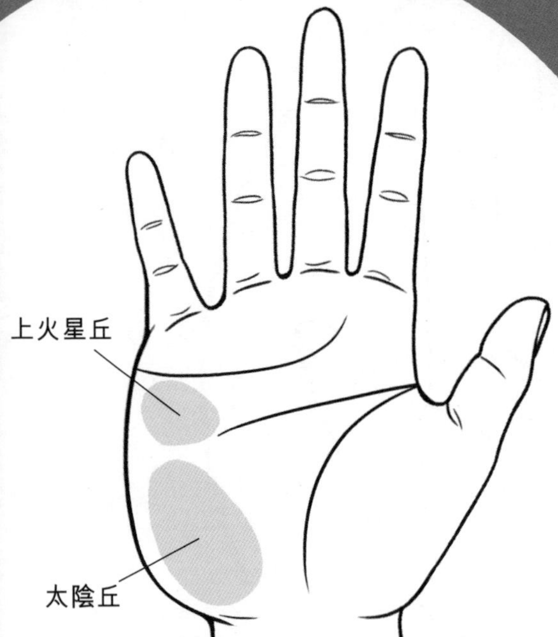

如下火星丘飽脹而有彈性，則下火星丘亦可以成為太陰丘人的副丘。下火星丘的特質是性格衝動，這正好加深了太陰丘人自私、冷酷的個性，使其更難與人融洽相處。

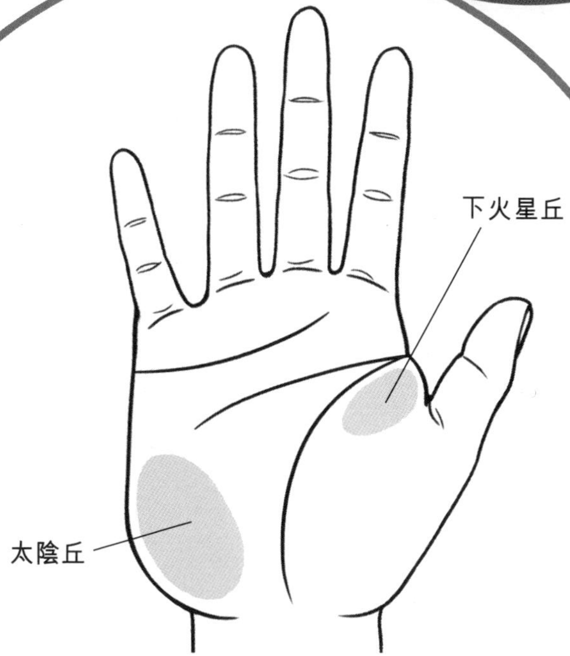

如金星丘飽脹，生命線呈弧形狀，形成金星丘寬大，這樣金星丘亦可以成為太陰丘人的副丘。

金星丘人的特質是有愛心、富同情心、為人主動熱情，對冷酷的太陰丘人起了很大的正面作用，但亦間接增強了太陰丘人色情的個性。

如手指挺直，拇指強大，情況尚容易控制；但如果各指彎曲，拇指弱小的話，則理智不能控制感情，這樣很容易成為一個色情狂。

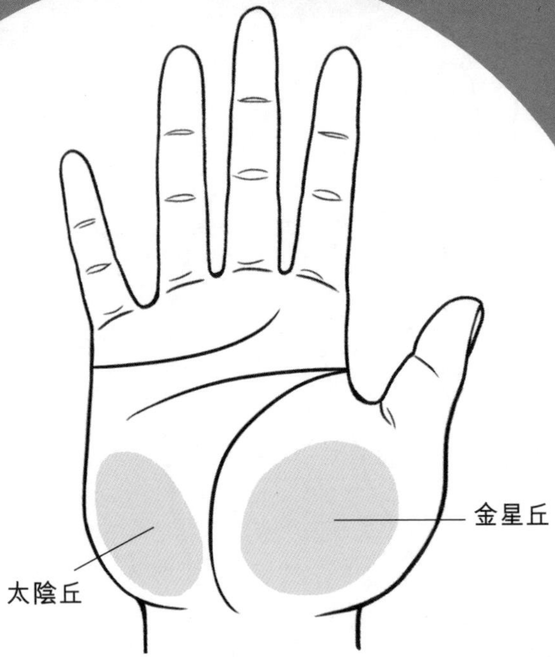

金星丘人配其他各丘

金星丘人的特質是有愛心及感情豐富，又金星丘以女性佔大多數，如屬男性的話，亦動作斯文，為人細心，有女性的特質。

此外，金星丘人天生愛美，有歌唱天分，對時裝的觸覺亦甚為敏銳，故男性的金星丘人如從事時裝設計或創作與漂亮有關的東西，都容易有突出的表現。

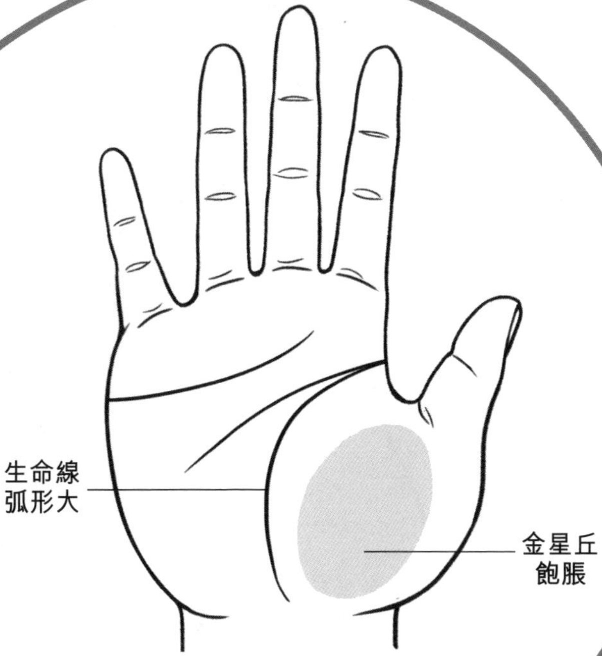

如木星指長，木星丘飽滿或三角葵狀掌皮紋在木星丘上，則這樣的木星丘可以成為金星丘人的副丘。木星丘人的特質是野心大、領導慾強，這種力量再加上金星丘人的愛心，如果從事慈善工作的話，必能引領其他人熱烈參與，令成果更為美滿。

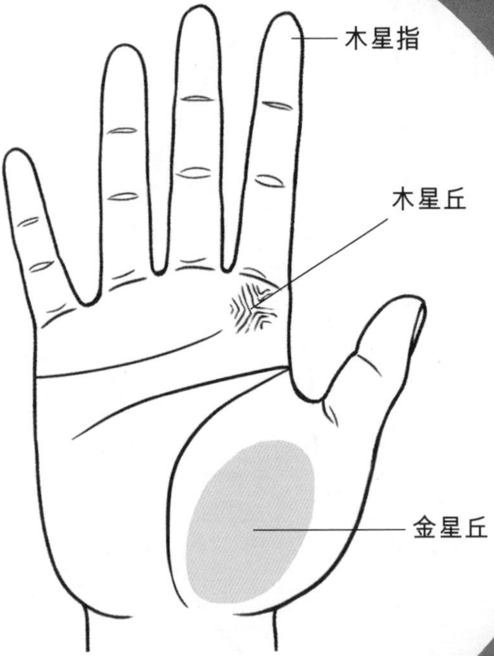

如土星指長，土星丘飽滿或三角葵狀掌皮紋在土星丘上，則土星丘可以成為金星丘人的副丘。不過，由於土星丘人的性格冷靜而平衡，明顯與金星丘人極不融洽，所以土星丘成為金星丘副丘的機會不大。

然而，如果真的出現這種組合的話，則土星丘人的平衡力將能穩定金星丘人的情慾，令其不至於過分泛濫，減少其人在感情上所遇到的挫折。

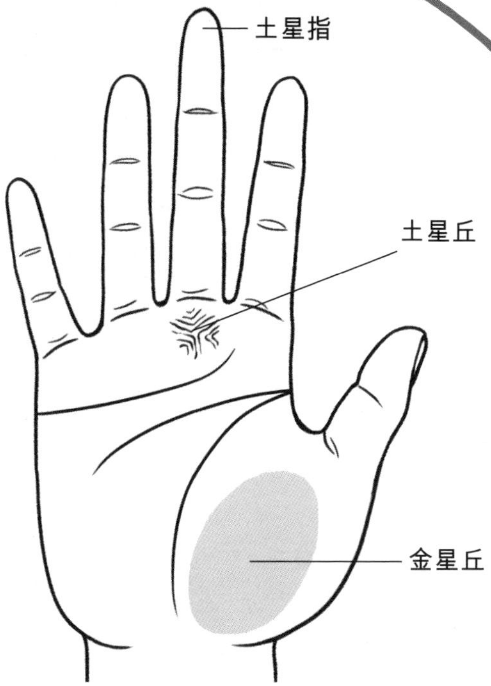

如太陽指長，太陽丘飽滿或三角葵狀掌皮紋在太陽丘上的話，太陽丘便可成為金星丘人的副丘。

太陽丘的特質是愛漂亮，但其所愛的都是物質上的漂亮，如漂亮的衣飾、漂亮的家具。金星丘的特質同樣是愛漂亮，但他／她所愛的是大自然的美，與太陽丘人有所不同。如將兩者結合起來，將不難成為一位出色的藝術家、畫家。又太陽丘人聲線悅耳，再加上金星丘人的歌唱才華，更容易成為一位出色的歌唱家。

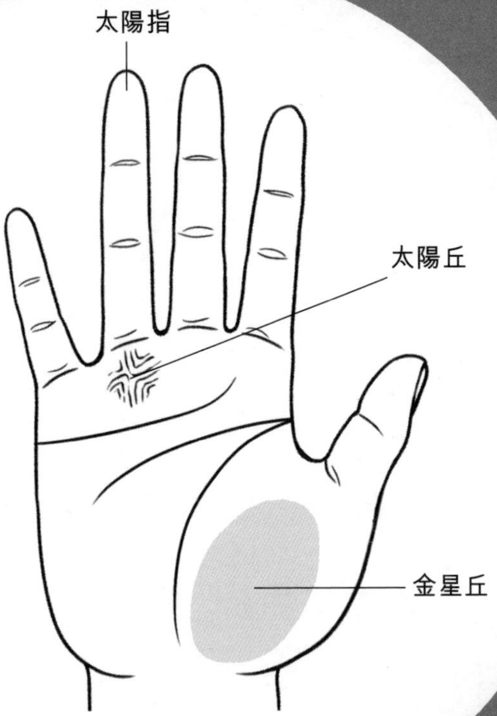

水星指長，水星丘飽脹或三角葵狀掌皮紋在水星丘上，則水星丘可以成為金星丘人的副丘。

水星丘的特質是具有商業才華、有急智、具語言天分，再加上金星丘人的樂觀及熱情，不難在商場上發展。又水星丘人有醫學天分，再加上金星丘人的愛心，如在醫學上發展當有出色的表現。

不過，水星丘人先天不忠及狡猾的個性，同時亦容易令金星丘人在愛情方面更不穩定。

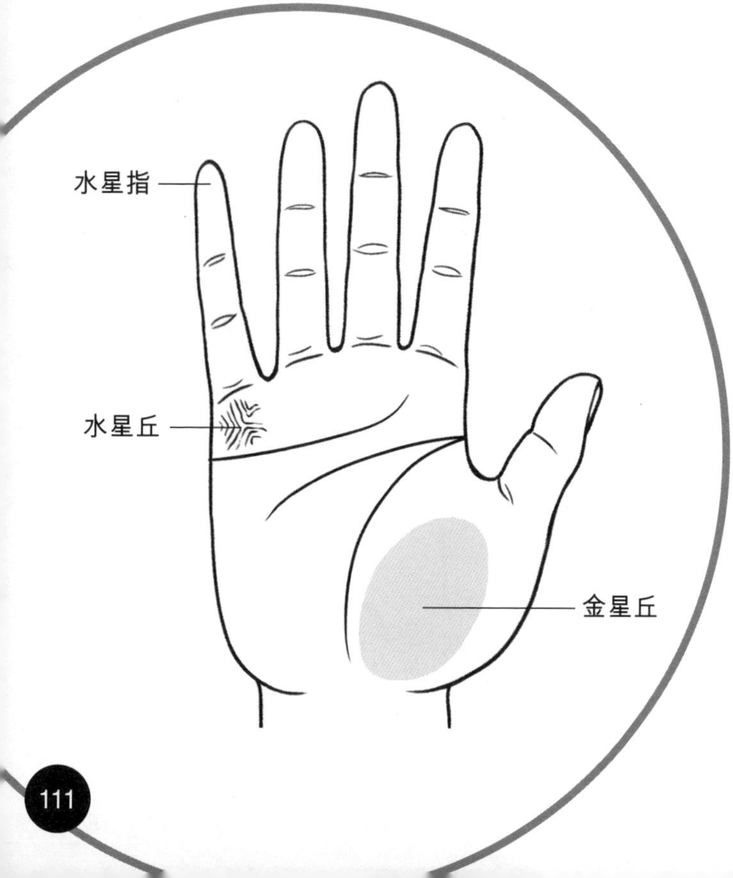

如掌邊肉厚而有彈性且掌邊闊大的話，則上火星丘亦可成為金星丘人的副丘。上火星丘的特質是富忍耐力，這樣正好幫助金星丘人難以抵抗熱情、易受誘惑的個性，使情慾不致過分偏差。

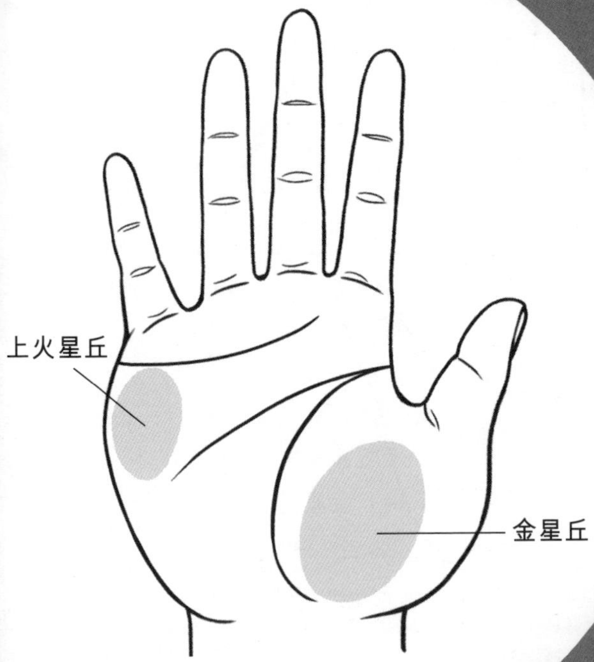

如下火星丘飽滿而有彈性，亦可以成為金星丘人的副丘。下火星丘的特質是性格衝動，且與金星丘皆屬於手掌三大世界中的本能世界，而本能世界是個人食慾、物慾、色慾的代表，故下火星丘成為金星丘人的副丘，必然加強金星丘人的本能情慾行為，使其更為衝動，理智更不受控制，這樣一生在感情上失敗的次數必然很多，且容易陷於三角或四角關係之中，不能自拔。除非有一隻長大的拇指及挺直的中指，再加上頭腦線橫向，這樣才可以讓理智把情慾控制下來，不至於陷入感情的苦海之中。

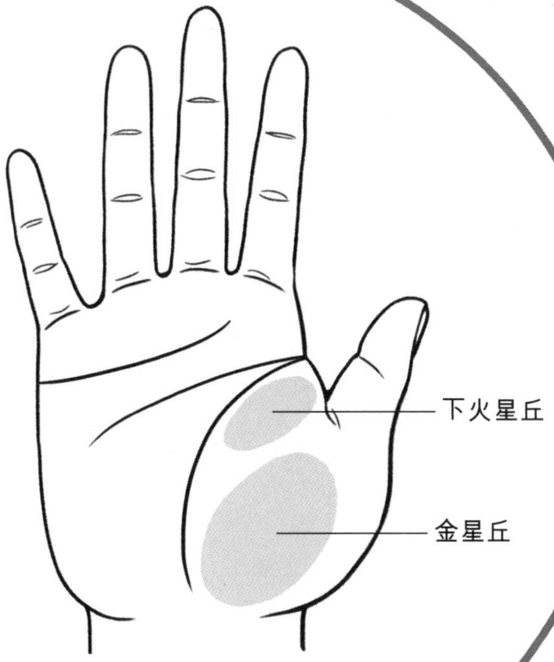

如掌邊基部闊，肌肉飽滿而有彈性，則這樣的太陰丘亦可成為金星丘人的副丘。太陰丘的特質是冷酷，與金星丘的熱情好像互不相干，但不要忘記，太陰丘與金星丘其實皆處於本能世界內，同樣主宰本能慾念，只是太陰丘人傾向於實質的情慾交往，而金星丘人則側重於精神上的溝通而已；故太陰丘成為金星丘人的副丘，將對驅動金星丘人的情慾起了很大的作用，令到金星丘人更不能抗拒誘惑，使其在感情上更為複雜。

此外，太陰丘人的幻想特質能加倍發揮金星丘人在歌唱方面的才華，而其言語表達力，亦能令金星丘人在演唱之時更加悦耳動聽。

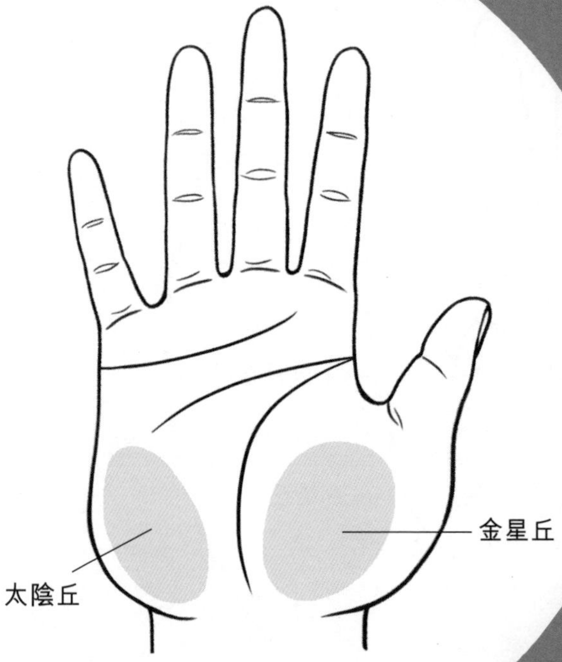

掌丘總結

以上「掌丘篇」，各位讀者可能會感到陌生及沉悶，但在熟記各掌丘的功能後，會對學習掌紋有很大幫助，因為掌紋之起點與終點所代表的意義，或多或少會受到掌丘所影響，所以熟記掌丘以後，便不用把每條掌紋走向的意思死記，只要把掌丘所賦予的定義加上去即可，這樣在學習掌紋之時，自然能夠事半功倍。為了使各位讀者更容易理解及熟記各掌丘的特性，現把各丘的重要特質簡述如下。

木星丘

優點——有領導才能，上進心強，富進取心。

缺點——野心大，好支配別人，領導慾強，迷信命運。

土星丘

優點——求知慾強，知識深入，具平衡力，控制力強。

缺點——疑心重，憂鬱，孤獨，不愛交際，迷信命運，報復心重。

太陽丘

優點——整潔、愛美，善於修飾，有藝術才華，風趣、隨和，善於交際。

缺點——浮誇，博而不精，多學少成，好表現自己，揮霍。

水星丘

優點——有科學、數學、醫學天才，具語言天分，口才好，交際手腕圓滑。

缺點——狡猾，容易成為騙子，有犯罪天性，犯罪易不留痕跡。

上火星丘

優點——抵抗失敗的能力強，善於防守。

缺點——較不積極。

下火星丘

優點——進攻能力強，能勇往直前，不畏艱難，直至成功。

缺點——脾氣暴躁，不安定，易與人爭鬥，一生凶險較多。

太陰丘

優點——幻想重，有藝術天分，言語表達力強，易接受新環境、新事物。

缺點——神經質，情緒不定，胡思亂想，好謊言，常處於幻想之中，容易成為瘋狂的人。

金星丘

優點——有愛心，樂觀，有音樂、歌唱天分，長相美麗，具吸引力。

缺點——感情過分豐富，不能忍受孤單的生活，男女關係較隨便，婚姻不容易長久維持。

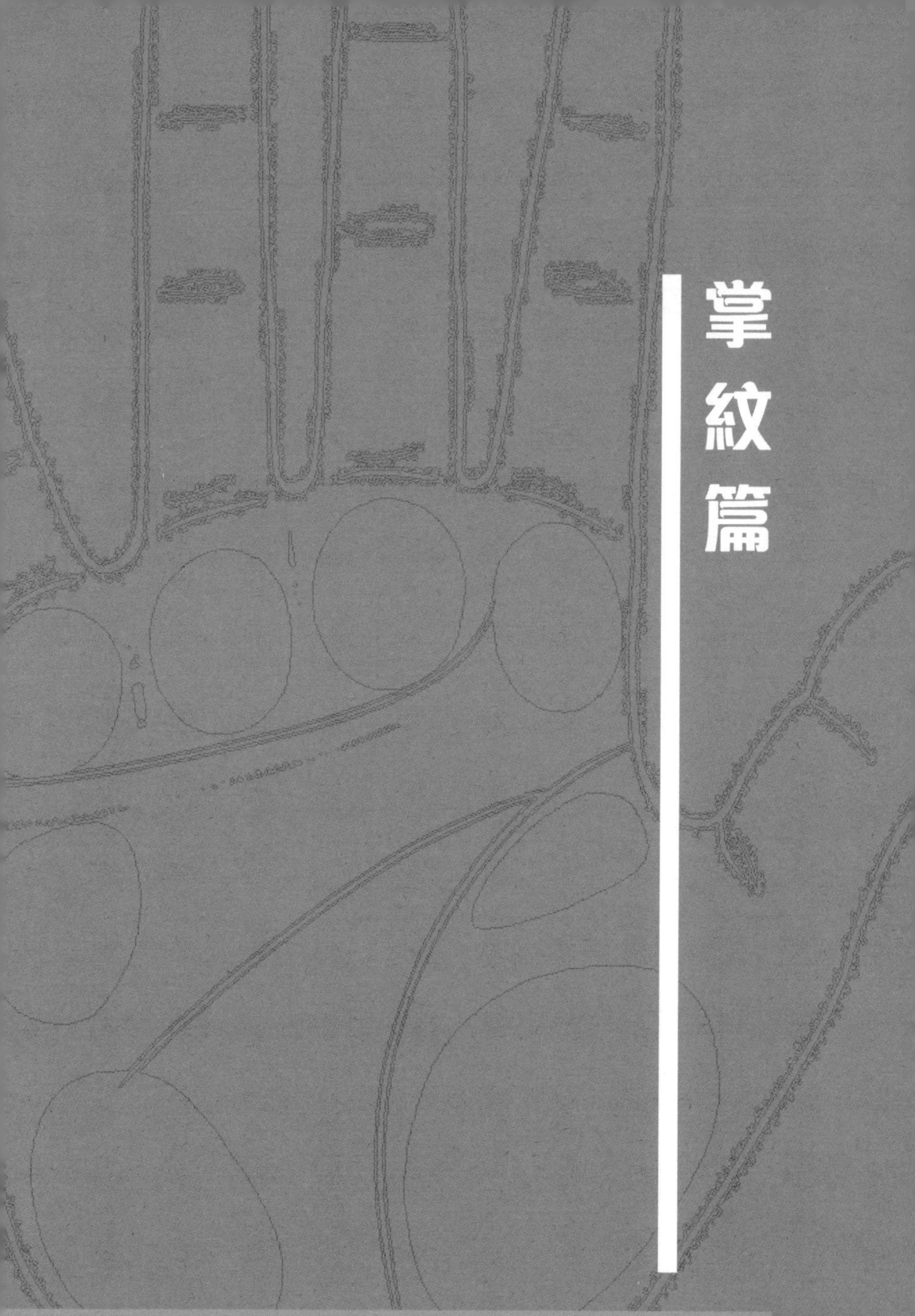

掌紋篇

掌紋須知

掌紋主要分為主要線、次要線及其他如星紋、三角紋、四方形紋、網紋、島紋、圓環紋、十字紋等。

主要線——生命線、腦線、心線、婚姻線（見圖一）。

次要線——命運線（事業線）、成功線（太陽線）、水星線（直覺線、健康線）（見圖二）。

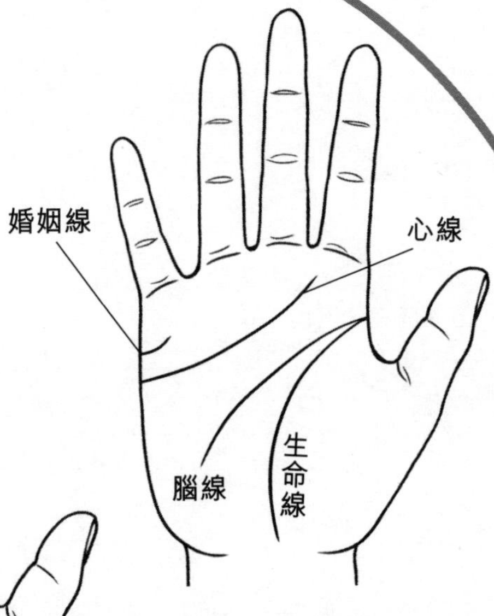

圖一　主要線

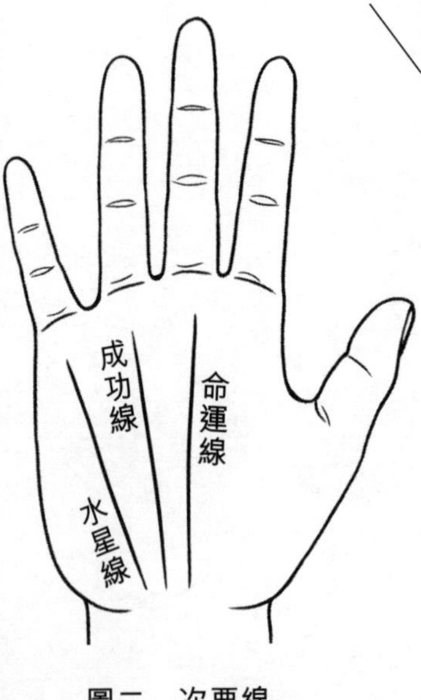

圖二　次要線

其他細線——金星帶、姊妹線、旅遊線、移民線、上升線、影響線、小人線、同情線、手頸線、放縱線（見圖三）。

細紋符號——十字紋（×）、星紋（＊）、島紋（-0-）、方格紋（□）、三角紋（△）、圓環紋（○）、網紋（#）。

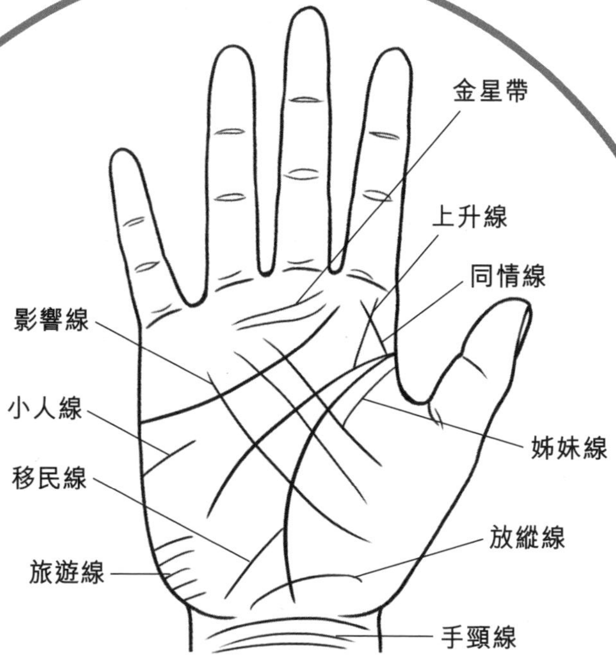

圖三　其他細線

意識界（下意識界）

掌紋可分為意識界與下意識界，此界線以太陽指與土星指之間為分界線。土星指至金星指之間的紋為意識界之紋，而太陽指、水星指以至掌邊之線紋則為下意識界之線紋。意識界之紋愈多，思想愈複雜；下意識界之紋愈多，則情緒愈容易出現不穩定的情況。又下意識界出現之線，亦叫「靈感線」，靈感是無法從意識去分析的，但如下意識界有着清晰、深長的紋，便代表其人很多時憑感覺去判斷一件事情，會相當準確。事實上，這往往是沒有下意識線的人所不能接受，亦不能相信的。

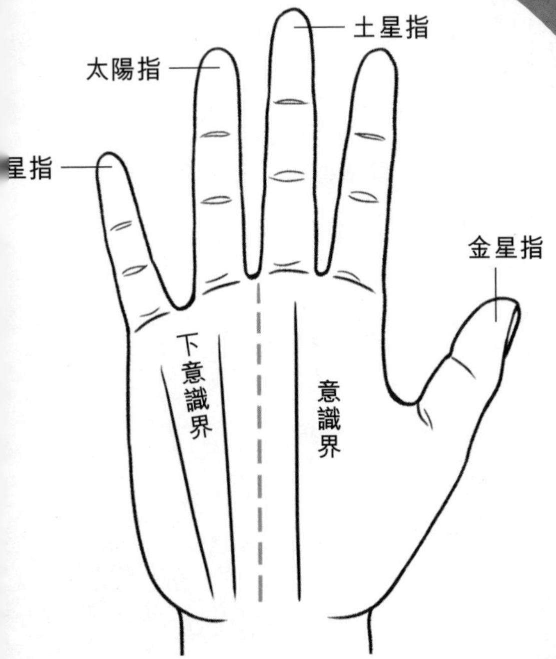

先天後天，男左女右

看掌有分先天後天與男左女右的說法，其實兩種說法都正確——看不變的東西以男左女右去判斷，如婚姻、子女數目等，均為注定而不會改變之事。但觀察會改變的東西，則以先天後天的看法為準，無論性情、思想、感情、身體狀況，都會隨着年紀而改變，所以手相學家一般會採用先天後天的看法。

先天代表三十歲前，後天代表三十五歲後（三十至三十五歲期間慢慢從先天手過渡至後天手），先天的掌紋不容易出現大改變，但後天的掌紋則會因應個人的思想及身體狀況而改變，又一般人大多以右手為主，故有左手看三十歲前，右手看三十五歲後的說法；但如果遇上以左手為主的人，則右手看三十歲前的事，左手看三十五歲以後的事。

而要判斷一個人是否以左手為主其實非常容易，因為一般人之右手金星指、水星指都會比左手略長，所以如果你發現這個人的左手金星指及水星指較長的話，便可判斷他／她可能是用左手的人了。

總掌紋

- ● 黑點
- △ 三角線
- ＊ 星紋
- ⬭ 島紋
- □ 方格紋
- ○ 圓環紋
- ○○○○ 鎖鏈紋
- - - - 壞
- ——— 好
- ═ 重疊
- — — 斷

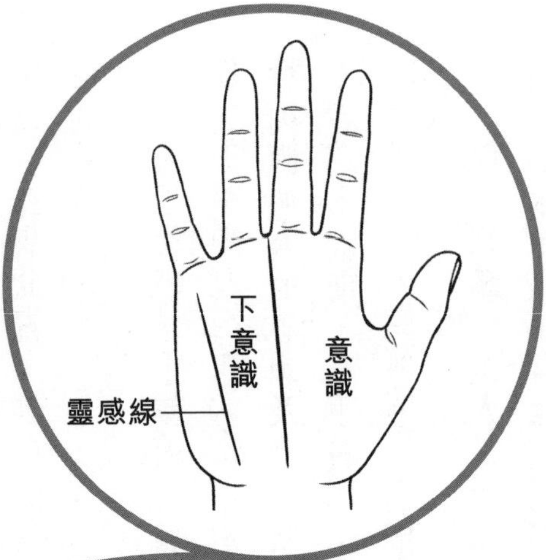

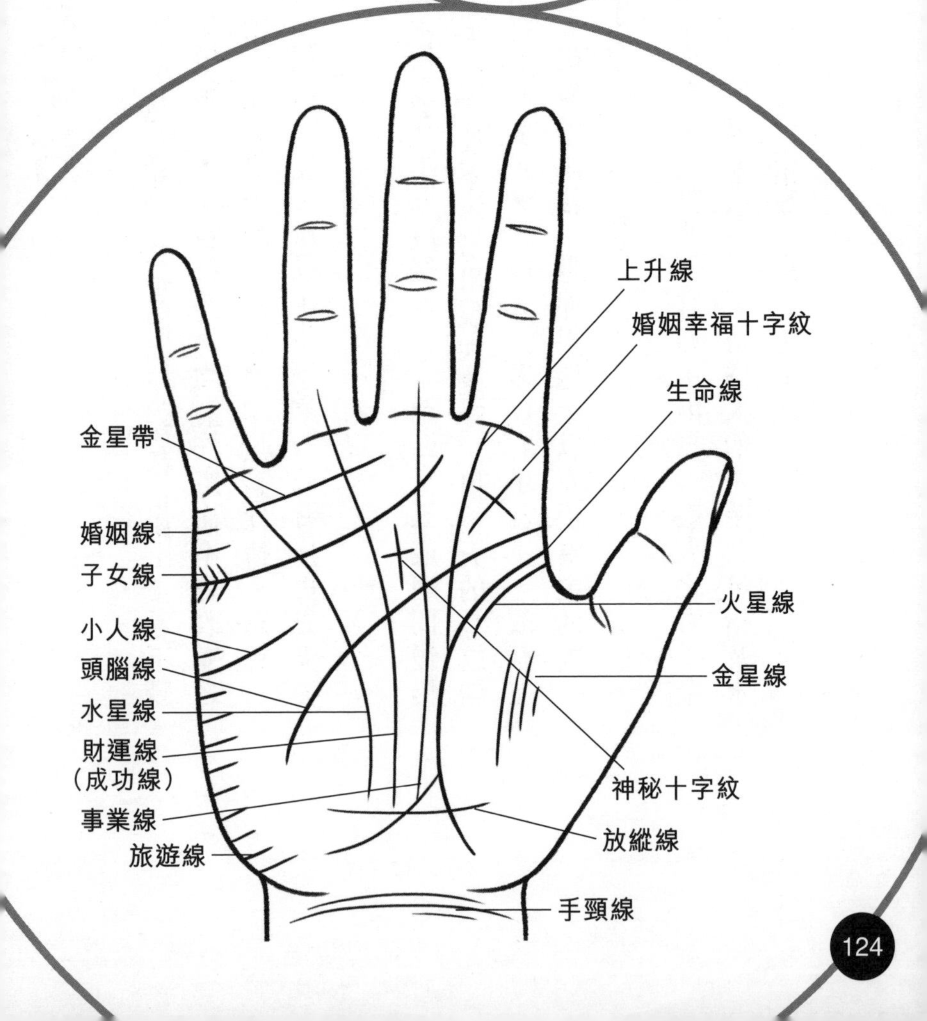

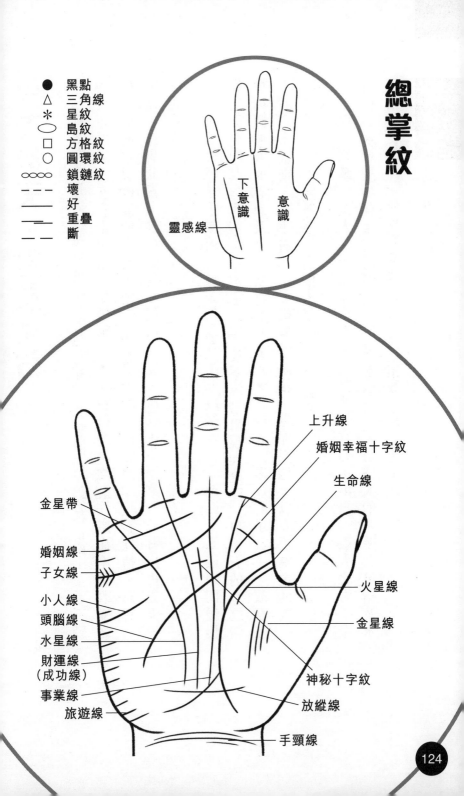

各紋所代表的年歲

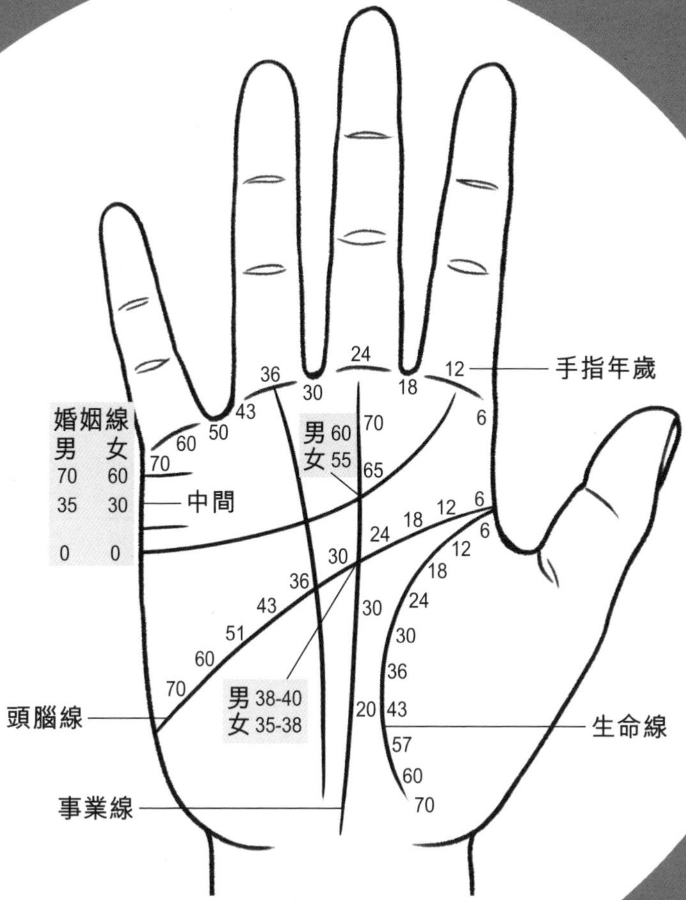
手指年歲
婚姻線
男 女
70 60
35 30
0 0
中間
男 60
女 55
男 38-40
女 35-38
頭腦線
事業線
生命線
24
36
30
18
12
6
43
50
60
70
65
12
6
18
24
30
36
43
51
60
70
6
12
18
24
30
36
43
57
60
70
30
20

掌紋判斷方法

一條良好的掌紋以清楚、深刻、粗幼平均為佳，又一般線頭略粗，線尾略尖，這是正常的，另以淺、短、斷續、有黑點、島紋、十字紋為差。此外，還要觀察有否給其他線紋切斷，才能判斷此紋能否發揮其應有的作用。

掌紋深長而清

代表能發揮其全部作用。

掌紋深淺不一

代表先深後淺，或先淺後深。

掌紋重疊

作用差不多大部分失去，不能算是一條良好的掌紋。

紋中有島紋

島紋代表障礙，島紋大則阻礙力大，島紋小則阻礙力小。

掌紋中斷

代表突然而來的打擊——如出現在生命線則代表生命會遇上危險，出現在頭腦線上則代表頭部受傷或思想出現嚴重問題，出現在感情線上就代表失戀或心臟病。

掌紋中出現×紋

代表該段時間有嚴重事情出現——如在生命線就代表生命出現危險，在頭腦線就代表頭部受傷或腦部出現問題，在感情線即心線上，便代表可能有心臟病，甚至要進行心臟手術。

線紋呈鎖鏈狀

代表整條紋皆不能發揮其作用——如此鏈狀紋出現在生命線上，就代表此人身體狀況不佳，疾病不斷；出現在頭腦線上，便代表思想不能集中或常有頭部病症，更甚者可能智力不能正常發展；出現在感情線上，則代表感情不能順利進行，亦有患心臟病的機會。

顏色

線紋除了清晰之外，顏色亦非常重要，如果顏色鮮明，將更能發揮線紋的優點；如顏色暗、黑、瘀，則線紋雖好亦要減分；如線紋已差，顏色又差，則更不能發揮其應有的作用。

生命線

生命線主要反映身體健康狀況，它會隨着身體狀況的不同而有所改變。由於一般人多常用右手，故左手看三十歲前，右手看三十五歲後的身體狀況。

正常生命線

正常生命線的起點起自木星指基部與金星指分開位置的中間，又大多數人的生命線起點皆在此位置。

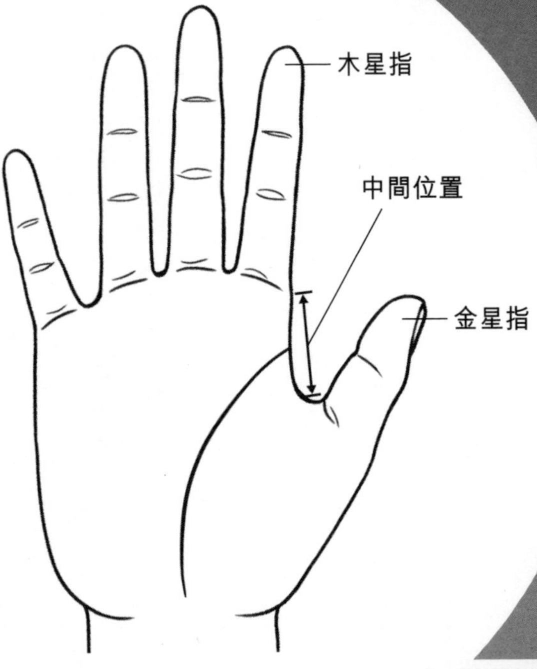

高位生命線

生命線的起點起自木星丘，代表其人權力慾強，野心大，喜支配別人，具忍耐力，有百折不撓的精神。如果加上木星丘飽脹、木星指長，則這情況更為明確。

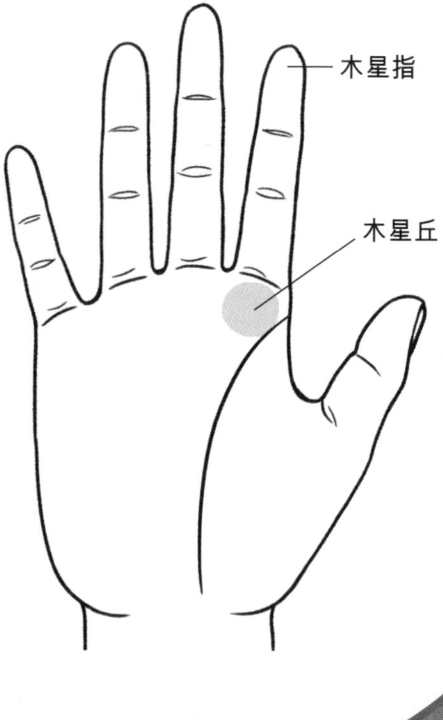

低位生命線

低位生命線，是指生命線起自下火星丘，而下火星丘代表爭鬥，所以有此線代表其人脾氣暴躁，缺乏忍耐力，常為小事與人爭執，且不愛思考與學習，不是一個容易有建樹的人。

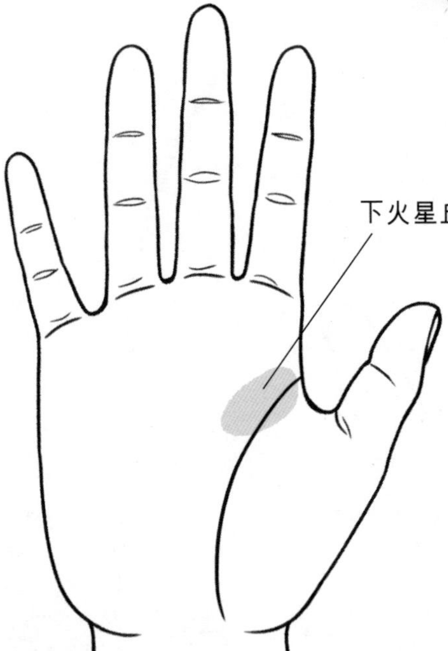

生命線弧度窄

生命線垂直而下，形成金星丘窄小，又金星丘代表愛心與熱情，如此則代表其人對情慾不容易有衝動的反應，且為人較自私，不太顧及別人感受。

如上述生命線出現在女性手上，更可能是性冷感及難於生育的象徵。

生命線弧度闊

生命線呈大弧形狀，形成金星丘強大者，主其人熱情、主動，為人充滿愛心，又其愛心不單指男女感情，更泛指對宇宙的一切事物！

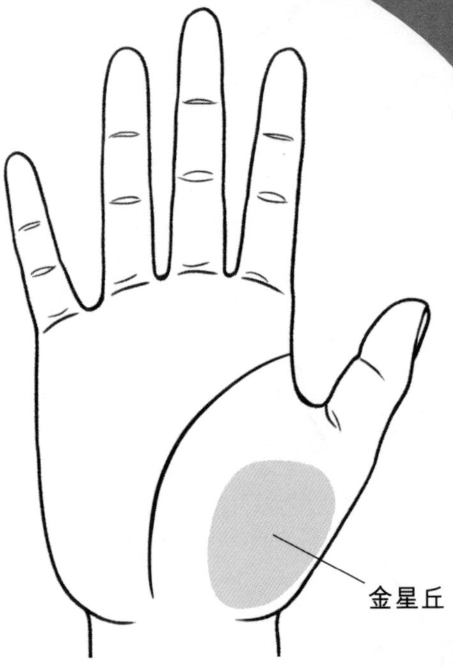

生命線長

生命線深刻，明顯而長，代表體質良好，精力充沛；如果加上腦線、心線清晰而長，更代表能享高壽，且年老之時不會體弱多病。

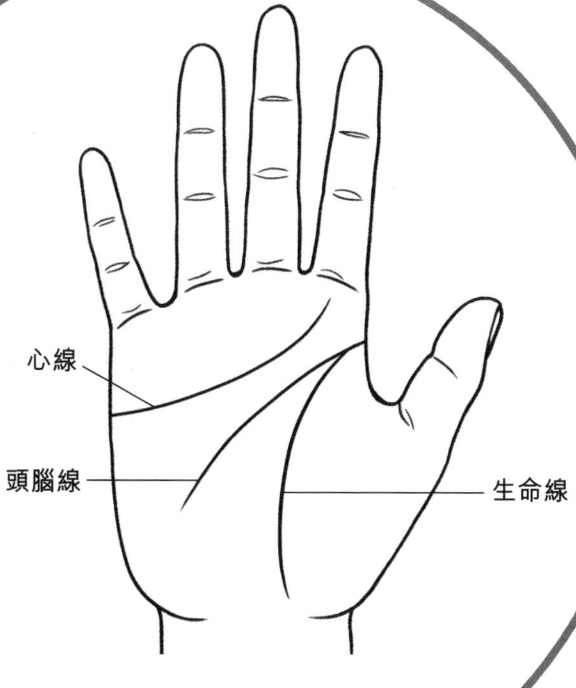

生命線短

生命線短，代表中年以後，體質明顯轉弱，如配上良好而長的心線與腦線，情況不至於太壞；如再加上心線、腦線模糊不清及短促，則情況更為嚴重。

如發現常用的手出現這種情況，宜在中年以前，注意飲食、多做運動鍛煉身體，希望生命線能有較佳之變化。

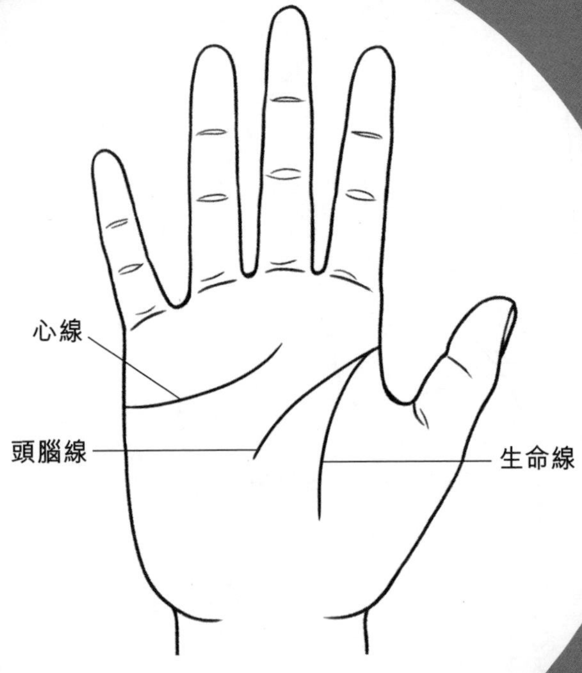

生命線短但有支線平行而下

這是雙生命線，可作一條完整的生命線去看，代表身體得到良好的幫助，健康狀況是正常的。

生命線線尾指向掌中

生命線線尾指向掌中，主為人心存公正，做事不偏不倚，又生命線開闊，同時代表其人有愛心。

另外，由於線尾靠近太陰丘，故其人熱愛旅遊，常常有在外地居住的機會，但亦因這種性格，致使其人很難定下來學習。因此，有這種生命線的人，宜在外地升學或入讀實施活動教學的學校。

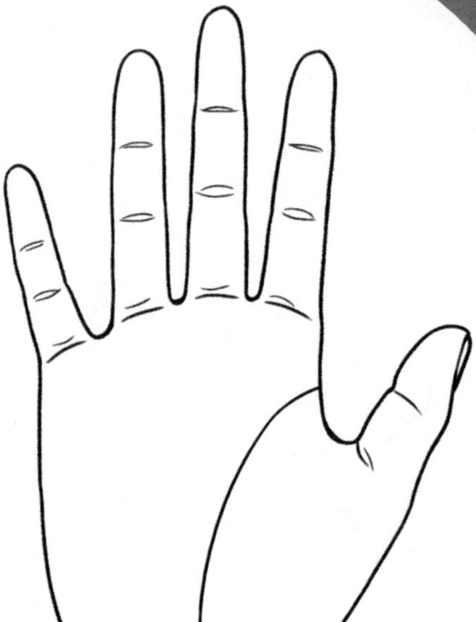

生命線線尾指向太陰丘

這是一條明顯會在外地生活的生命線，如在先天掌出現，便代表自小會移居外地；如在後天掌出現，則代表中年以後會移居外地，且多數會在異鄉終老而不會返回故鄉。

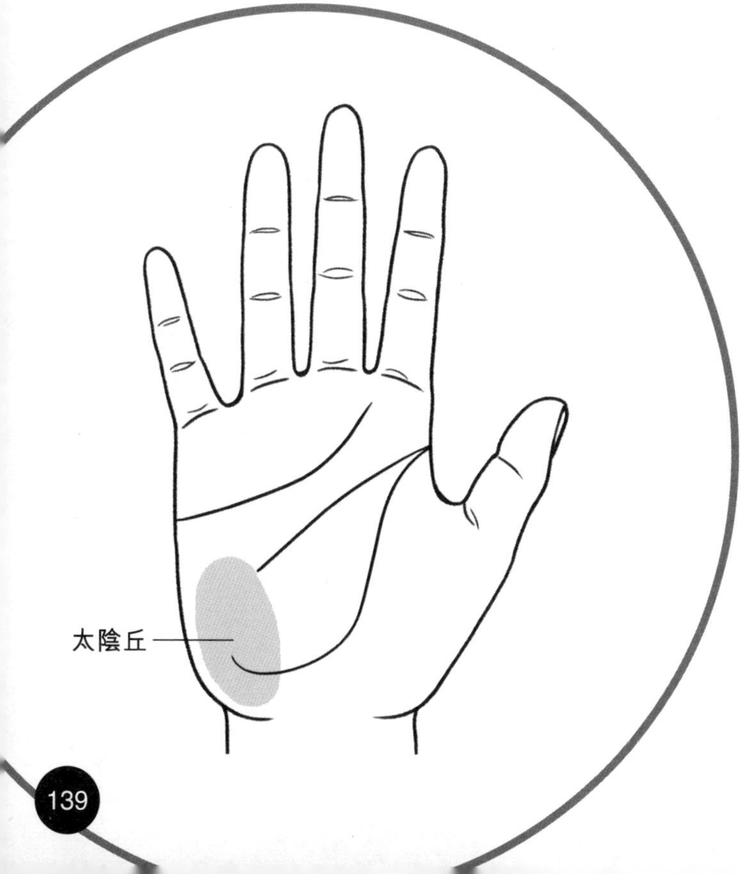

生命線短，但有命運線輔助

生命線短，但有命運線輔助，就等於延長了的生命線，可作一條長的生命線去看待。

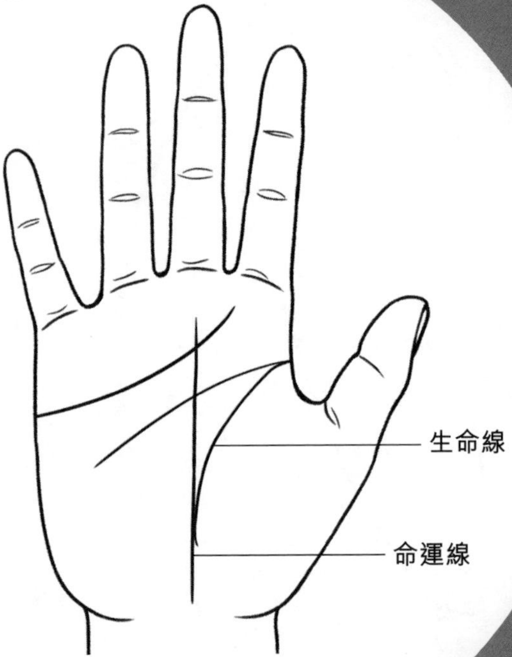

生命線短，木星丘上有明顯紅點

此乃爆血管死亡的徵象，故在中年以前宜多注意飲食，避免膽固醇過高，及定期檢查身體。

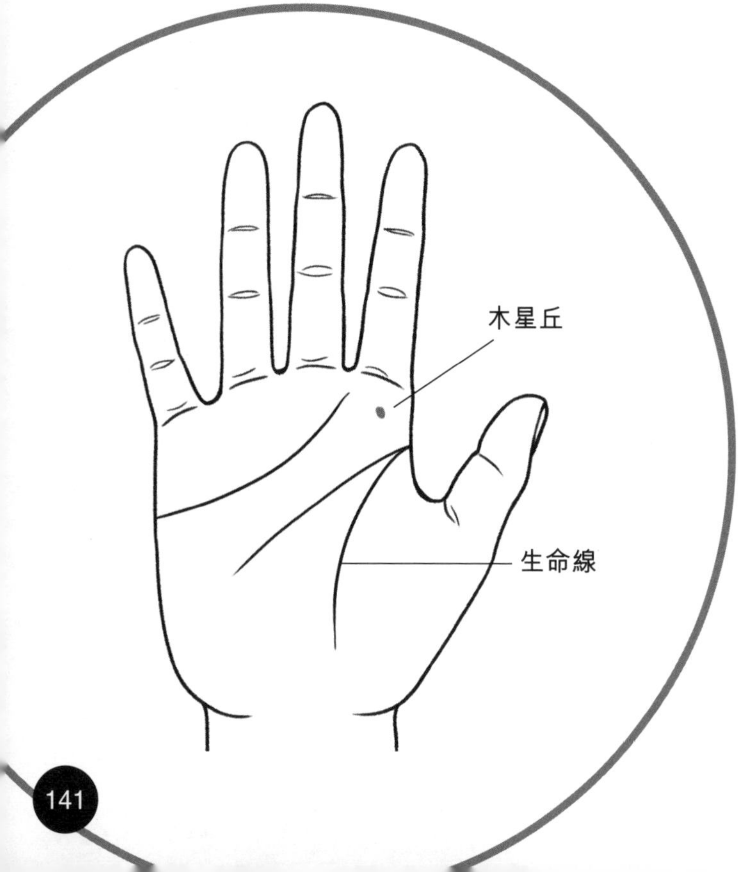

生命線深刻明顯

生命線深刻明顯，代表體質強健，身體狀況良好，身體健康，精神狀態相對亦佳，心情容易有暢快感覺。

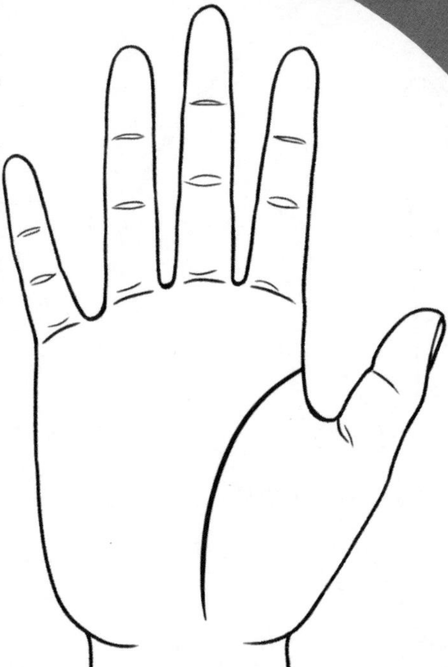

生命線淺而闊

生命線淺，代表身體狀況一般，體格並不強健；至於生命線闊，就代表易有小毛病，當身體弱加上常有小毛病發作，就會間接導致精神狀況較差，心情容易鬱結。

生命線由多條短線組成

生命線由多條短線組成，主健康不佳，體質弱，精神狀態亦差，容易患上神經衰弱。

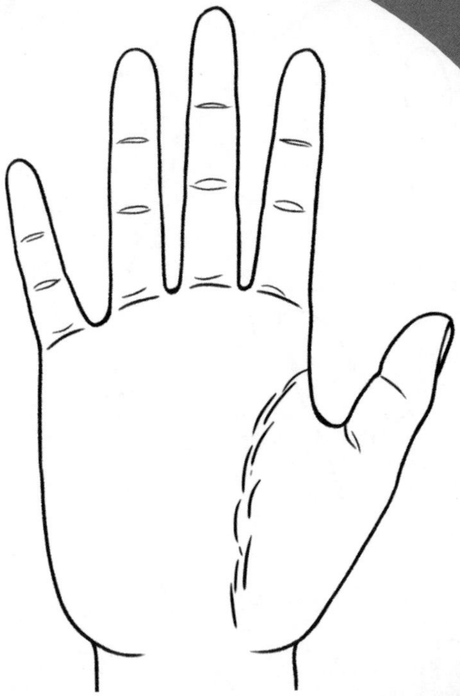

生命線重疊而生，呈梯形狀

生命線重疊而生，呈梯形狀者，情況與生命線淺闊相同，皆主身體狀況不佳，一生常有小毛病，間接造成精神不容易集中，較易出現情緒問題。

生命線呈彎曲狀

生命線呈彎曲狀，主體質弱，做事力不從心，雖有一番作為，只適宜從事穩定性之工作。

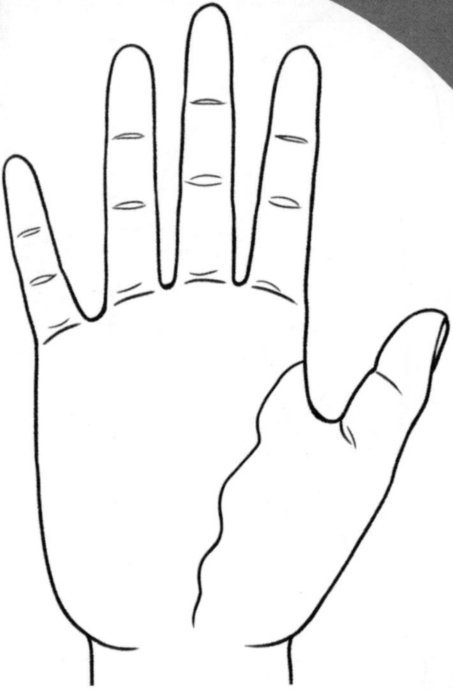

生命線折斷

生命線途中折斷，代表在折斷部位之年歲容易有損傷、意外，且意外會導致生命之危（其所應之年歲以生命線之年歲位置作參考，詳見第125頁）。

生命線中斷，但旁邊有火星線，與缺口平行而下

這是一條輔助線，代表生命即使遇上危險亦能安然度過。

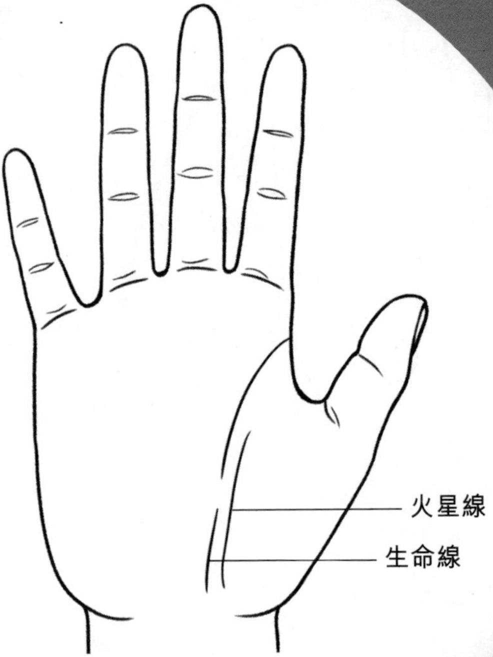

生命線折斷，但當中有四方格出現

這代表命中會遇到生命危險，而其發生危險的年歲以生命線之年歲計算（詳見第125頁）。

由於方格代表保護力，故得方格相連的折斷生命線者，即使生命遇上危險，亦能幸運地安然度過。

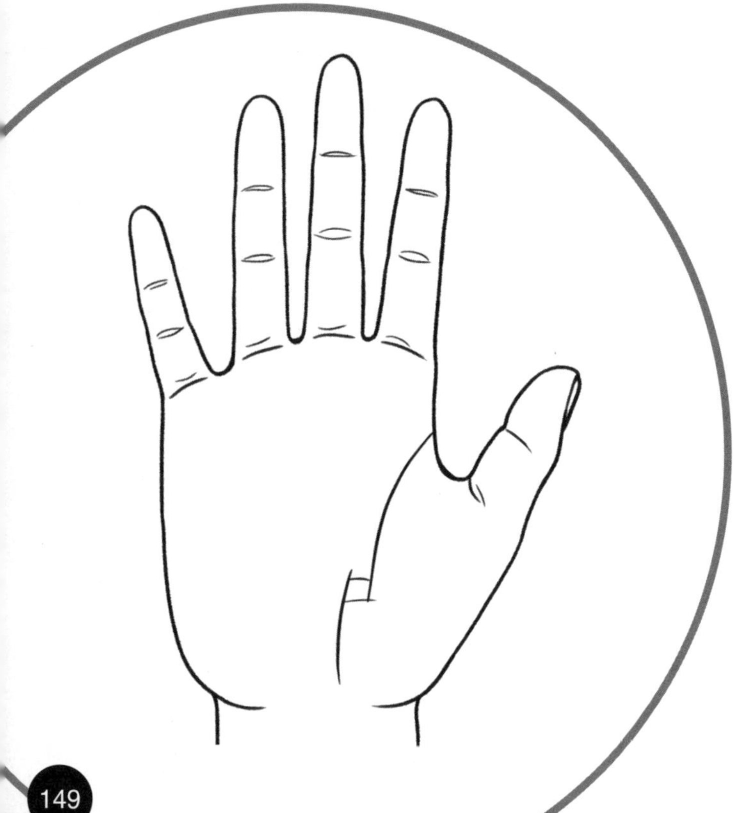

生命線折斷，但給一條橫線相連

生命線折斷，但給一條橫線相連，便代表在折斷部分之年歲會遇上意外或遇到危險，又缺口大則危險大，缺口小則危險小；又生命線給橫線連繫着，代表生命能夠延續下去。

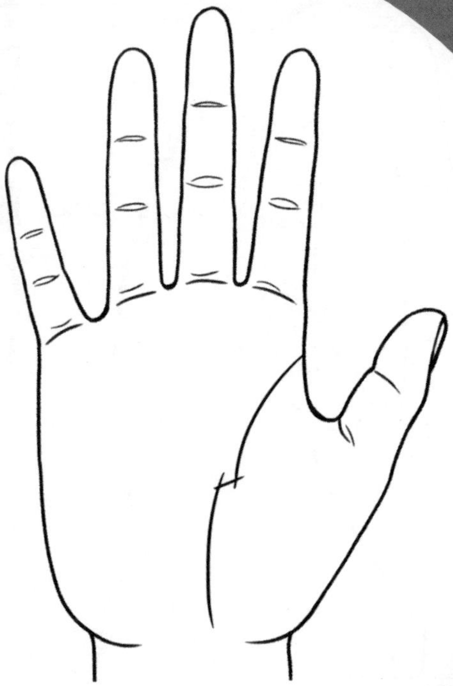

生命線斷而接疊，但缺口距離窄

生命線斷而接疊，但缺口距離窄，便代表當年容易遇上意外或生命危險，但能夠安然度過。

生命線斷而接疊，但缺口頗闊

生命線雖接疊，但缺口頗闊的話，便代表當年容易遇上生命危險，且不一定能安然度過。

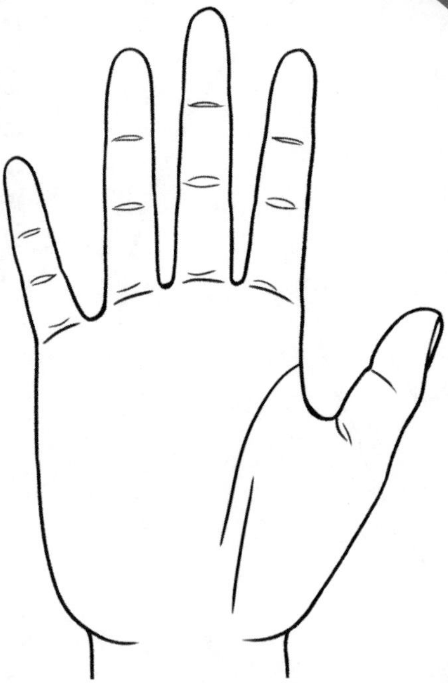

生命線當中有島紋

島紋代表長期而又不能根治之慢性病，島紋大則影響年期長，島紋小則年期短。

生命線整條由島紋組成

生命線整條由島紋組成，代表一生常有長期慢性病，如喉嚨和氣管問題、腸胃問題或皮膚問題；如在左手出現代表三十歲以前之事，而在常用的右手出現則代表三十五歲以後一直到老，又此島形生命線較常出現在女性手中。

註：手掌只反映當前的身體狀況，如發現右手生命線由島紋組成、模糊不清或接疊而成，則只要多做運動，注意健康，均衡飲食，待身體健康狀況好轉以後，掌紋自會改善。

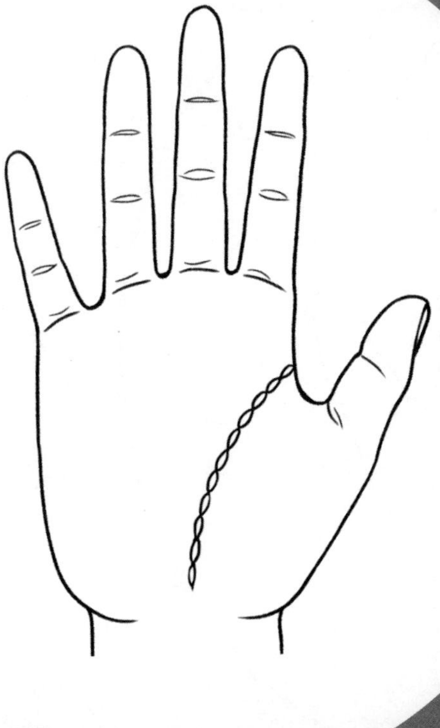

生命線開始之時由島紋組成，但中段以後慢慢清晰起來

生命線開始之時由島紋組成，但中段以後慢慢清晰起來，便代表其人先天體質較差，有長期慢性病，要經後來的治療及鍛煉，體質才日漸強健起來，使慢性病得以逐漸痊癒。

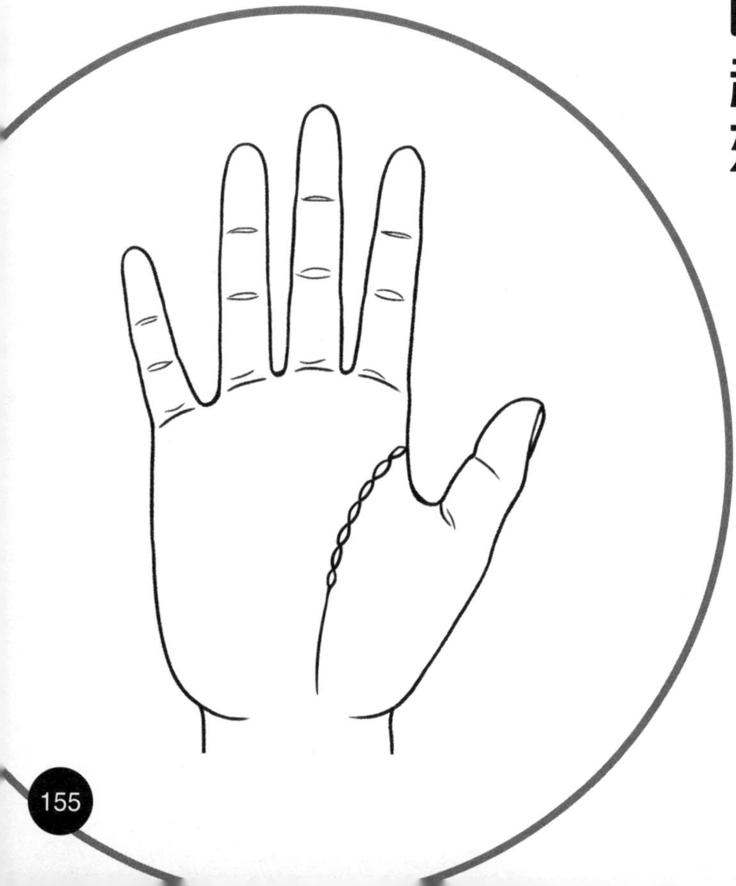

生命線開始之時清晰，中段以後逐漸由島紋所形成

生命線開始之時清晰，中段以後逐漸由島紋組成，就代表中年以前，其人身體健康狀況良好，但中年以後體質逐漸衰退，並長期受慢性病所折磨。

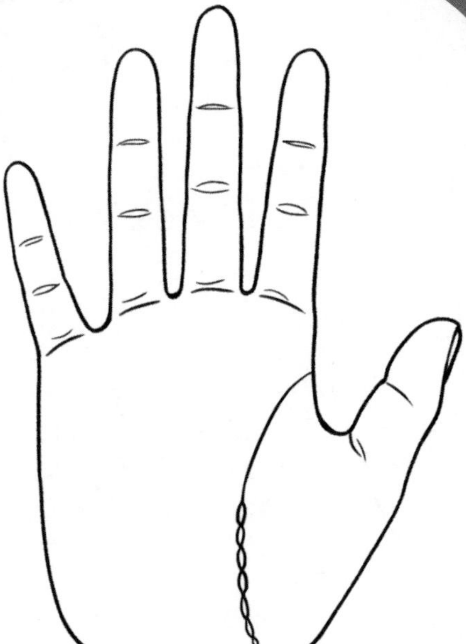

生命線起點有一清晰島紋，命運線起點剛好亦有島紋存在

這個情況在掌相學說中，被視為是私生子或遺腹子的記號，代表其人的出生有可疑。但在筆者的日常觀察中，生命線起點出現島紋可說是非常普遍，畢竟總不可能人人都是私生子吧，況且這個判斷是十九世紀以前遺留下來的，可能經過年代轉換，私生子在現代已不太容易出現。因此，可判斷其父母可能有婚姻問題，亦可能代表其人在單親家庭長大，這個答案會較為準確。

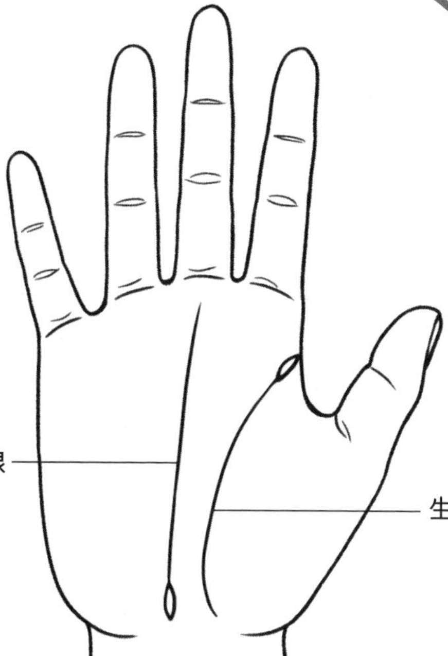

生命線起點與頭腦線分離，但當中由很多細小的十字紋相連

生命線起點與頭腦線分離，但兩線之間由很多細小的十字紋相連，便代表其人自小要寄人籬下，不能倚靠雙親。

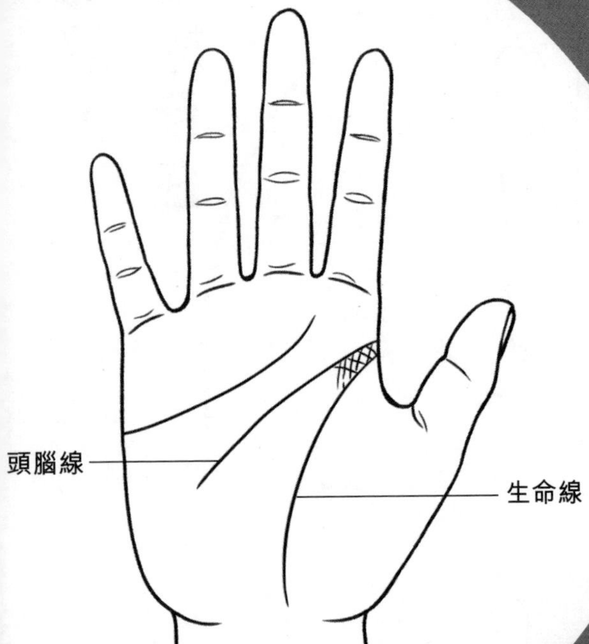

生命線末端有一長而大的島紋

生命線末端有一長而大的島紋，代表中晚年以後有長期慢性病，而其病發期大多在四十五歲後，故極有可能是糖尿病、心臟病，但患有其他嚴重至死亡的疾病之機會相對較少。

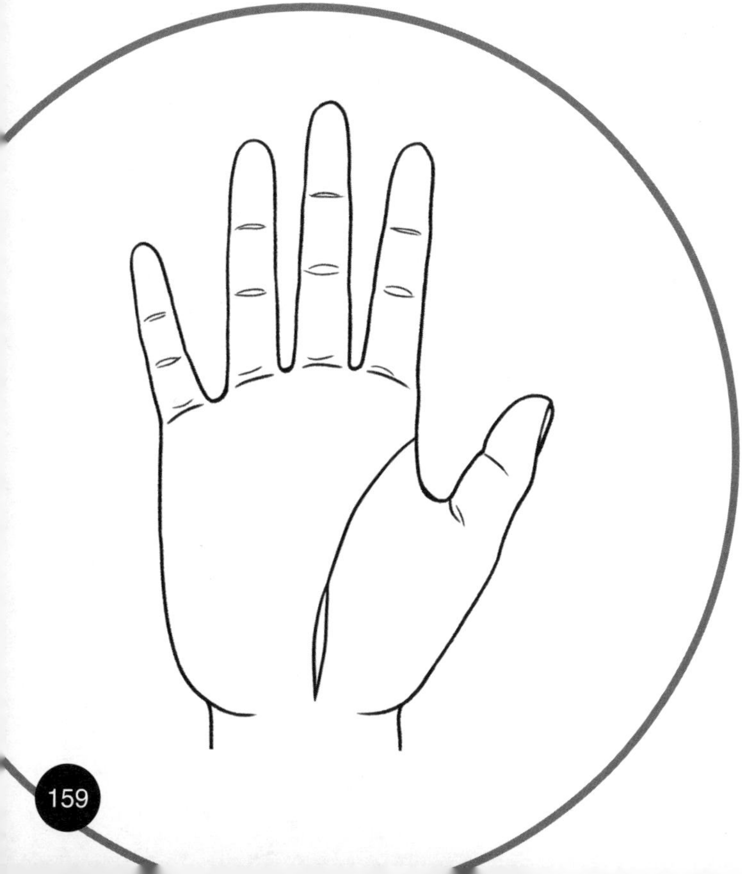

生命線當中給一條短線橫過，而短線既深刻且明顯

生命線當中給一條短線橫過，而短線既深刻又明顯的話，便代表家庭或本身有突發事件出現，而事件是具有嚴重性的，家庭事件可能是雙親去世。

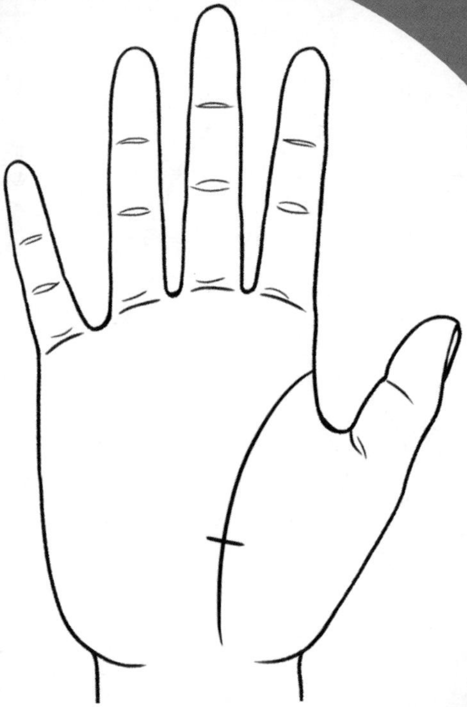

生命線末端給一條粗而短的橫線切過

生命線末端給一條粗而短的橫線切過，代表生命可能突然終止，有可能遇上突發之意外。

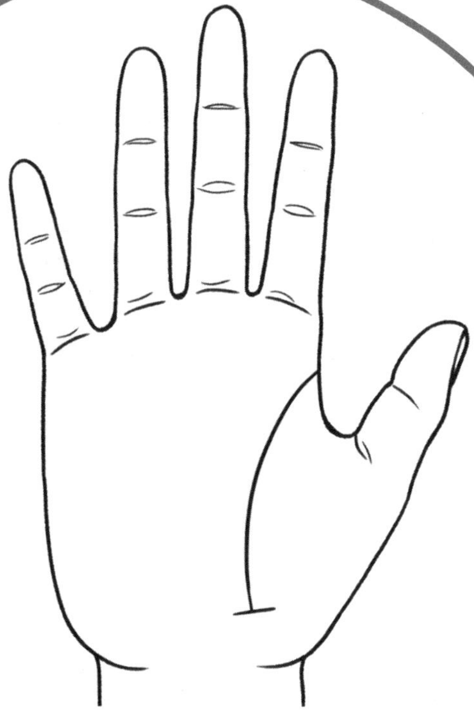

生命線末端呈鈎曲狀

生命線末端呈鈎曲狀，表示有危險事情發生，而此危險是會危害生命的，若雙手同樣有此情況則更為準確。

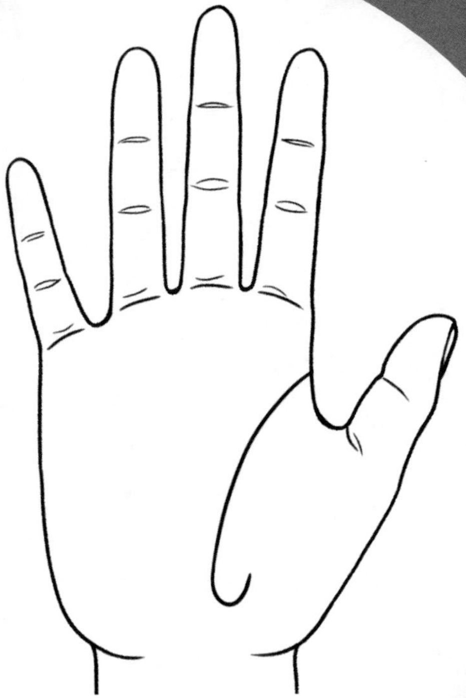

生命線內另有一線並行而下

這條叫「火星線」，又叫「姊妹線」，又名「生命扶助線」，有此線代表生命容易遇到危險，但會幸運避過，如意外撞車，車毁人未傷，或高空擲物剛好落在旁邊而沒有擊中自己。

如此線在左手出現，就代表事件在三十歲以前出現，在右手則代表於三十五歲以後出現。

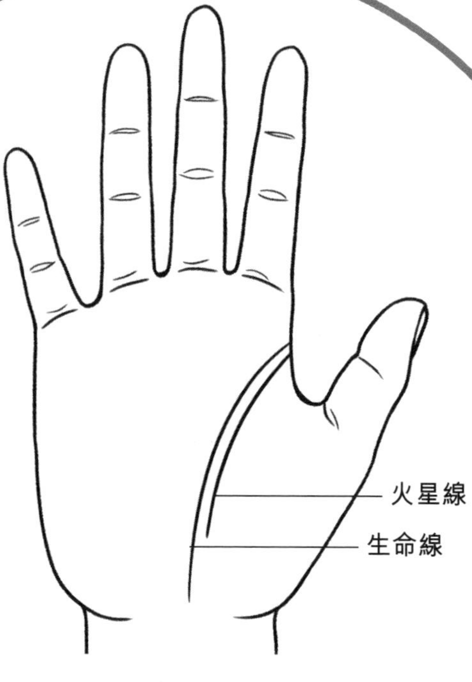

生命線有一短線在起點，與生命線平行而下

生命線有一短線在起點，與生命線平行而下，代表少年時期有一段時間不是跟父母同住，可能是由親人帶大，或由傭人照顧長大。

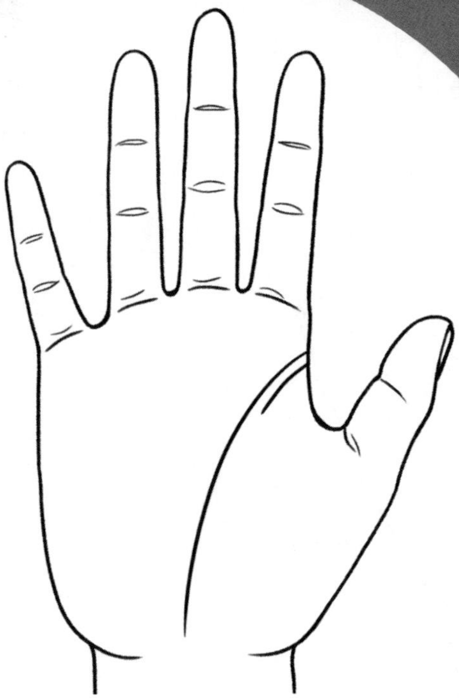

癡情線，生命線有一條淺而稍長的線與生命線平行而落

這是指生命線有一條淺而稍長的線，與生命線平行向下彎。事實上，這條線與前一幅圖有相近之處，而筆者亦有可能出錯，兩者或許是同樣的線，但有着雙重意義。

有這線的人對初戀情人久久不能忘記，即使再遇上新戀情，也常常將新戀人與舊戀人比較，且永遠覺得新的不及舊的好，以致很難再開心愉快地展開另一段新感情，故此線又名為「癡情線」。

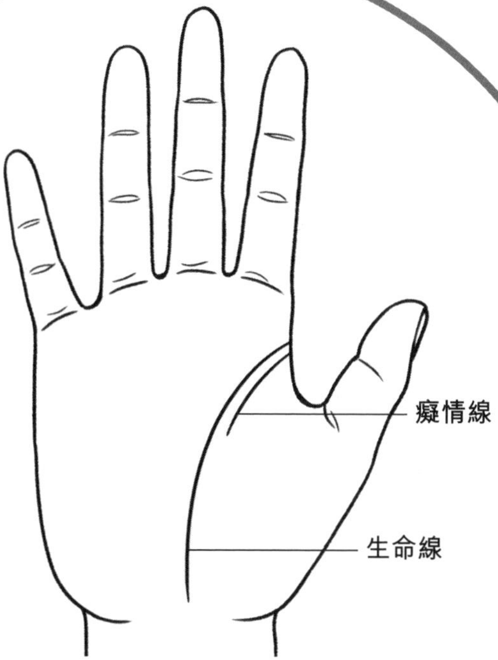

生命線分叉，彎入金星丘

這條為夫妻影響線，代表其人會因得到配偶之幫助而發展事業，且助力較為明顯。

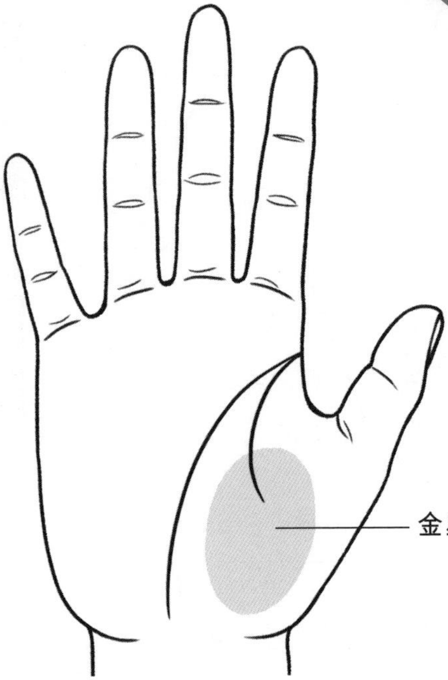

金星丘內有一條明顯垂直之線

這是父母影響線，出現在左手代表父親，右手則代表母親，從而判斷雙親哪一個對自己影響較大、助力較大。

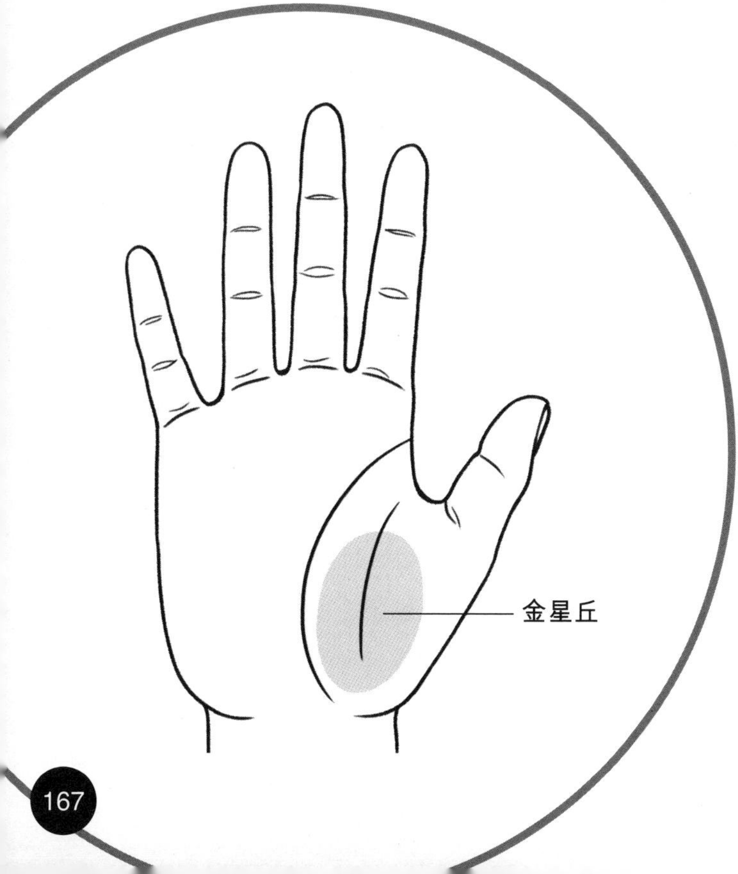

金星丘內有兩條長於二厘米、與生命線平行而下之線

這是親人影響線，代表容易因得到親人之幫助而發展事業，又左手代表男性之親人，右手代表女性之親人。

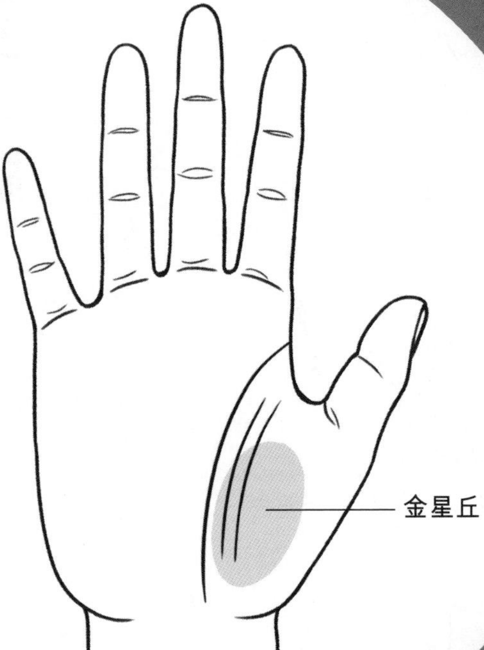

金星丘內有多條垂直而下之線

金星丘代表愛心，如金星丘內線紋多，則代表其人一生情史較多，可能影響到婚姻關係，且發展事業時亦容易受到異性之影響。

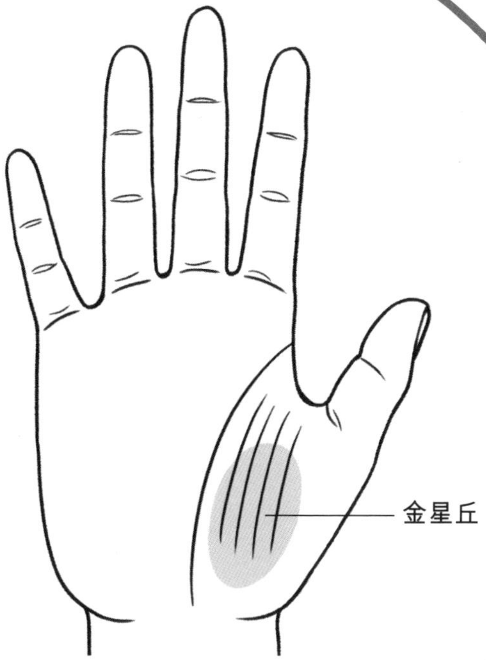

生命線有支線向上

生命線上的向上支線名為「上升線」，對身體有增強作用，如果此線在生命線末端出現，主晚年仍能保持良好的體魄，有着年青人的身體狀態。

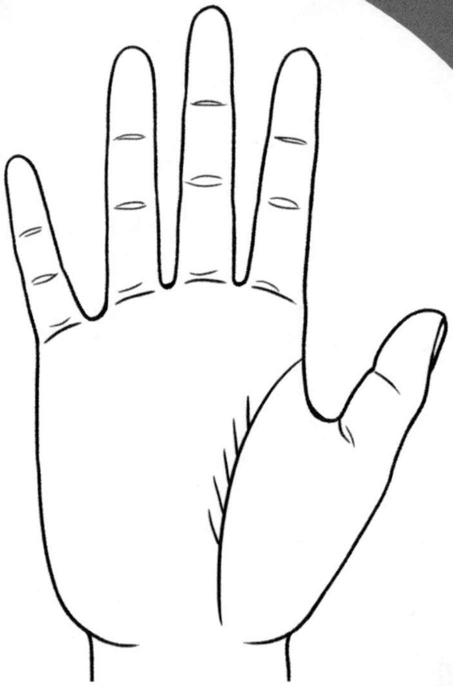

生命線在起點上有一支線向上，穿上木星丘

生命線起點的向上支線，亦是「上升線」，代表其人奮鬥心強，做任何事都一定要比別人優勝，但這只代表其心態而已，並不代表事業一定會有成就，因在發達社會裏，這上升線可說是非常普遍，但總不會每個有奮鬥心的人都成功吧，所以有此線只可以判斷其鬥心較別人強而已。又有相書云：女性如有此上升線，代表能嫁得一個好丈夫，但因現代社會趨向男女平等，所以女性手上出現此線，同樣可代表其奮鬥心強，容易創一番事業。

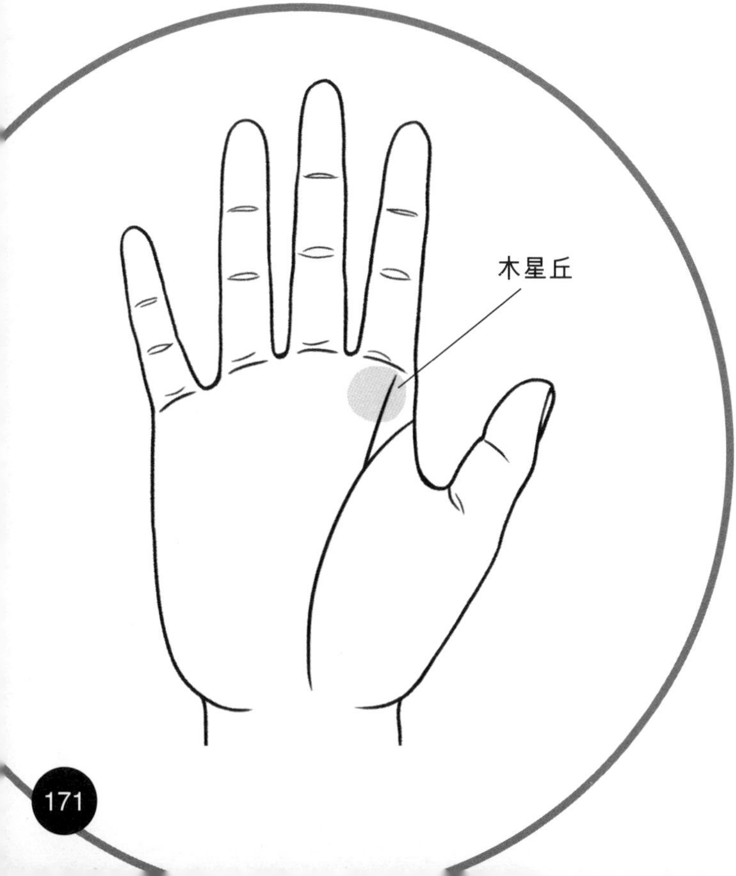

生命線上出現上升線，且線上有一星紋

生命線上出現上升線，且線上有一星紋者，男性代表一定能在事業上有一番成就，女性就代表能嫁得一個富有的丈夫，且名譽與財富將歷久不衰。

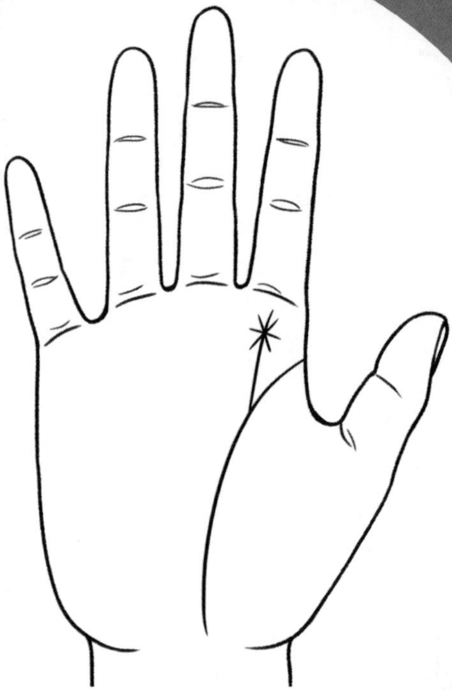

生命線有支線伸出向上，指向土星丘

這是對生命失卻希望之線，代表其人對生命沒有寄望，覺得活在世上無所依戀，最後可能決定放棄自己的性命。

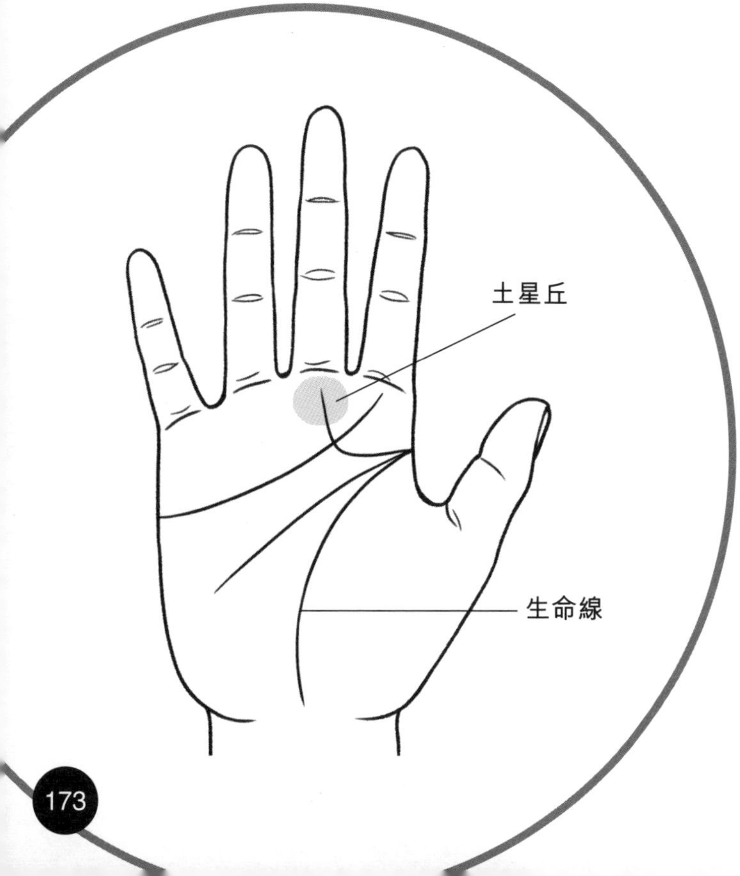

生命線有支線向下

大部分掌相學的書籍都會說，生命線有支線向下，是體質衰弱的影像線，但經本人多年印證後，發現稱之為「外地居住線」會較為準確。

如在左手出現，便代表其人可能自小離家往外地求學，但最後終會回到故鄉；如在右手出現，就代表三十歲以後會常常在外地居住一段短時間，可能是工作關係所致。

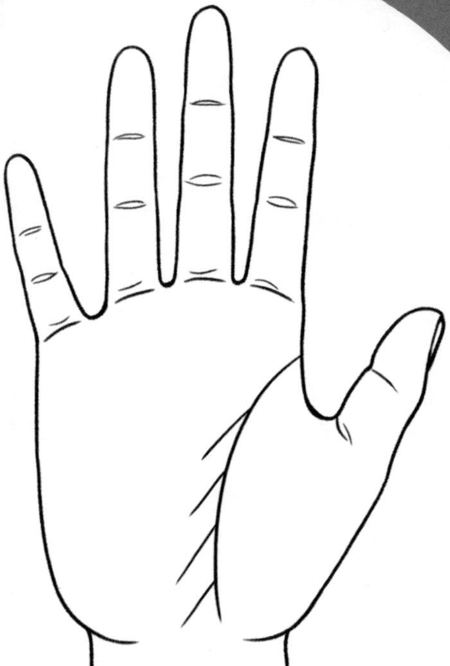

生命線末端有很多下垂之短線

這才是中年以後體質逐漸衰退之線，如發現在右手出現，便應在中年以前，未雨綢繆，多鍛煉身體。

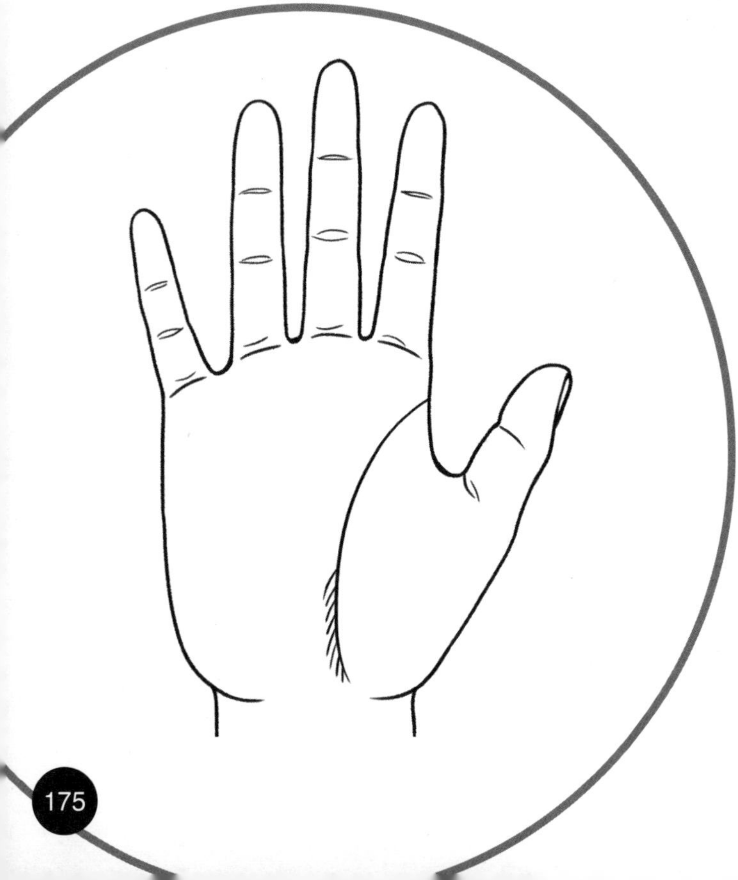

生命線末端呈流鬚狀

生命線末端呈流鬚狀，主晚年體弱多病，生活潦倒，過不到正常之生活，以前在死囚手中最容易出現。

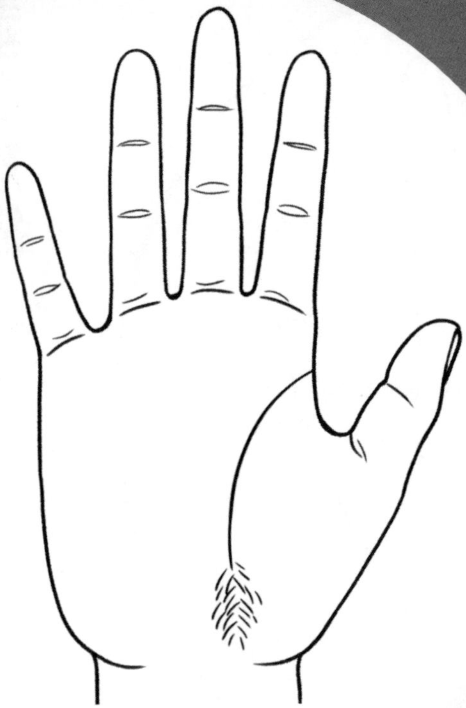

生命線中間有支線伸出，指向太陰丘

這條是移民線，代表很早便移居外地，但有時此線會出現在左手，且有逐漸轉弱、模糊之勢，代表其人雖然很早移民外地，唯最終還是選擇重回故鄉，如是者，這條線便會慢慢消失。至於出現在右手的話，就代表其人可能於四十五歲前已經移居他處。

註：生命線指向太陰丘，代表其人在生活上充滿幻想，常常幻想在異地生活會較在出生地好，因而觸發其移民的念頭。另外，此線亦代表其人愛變動，喜歡旅行及到處體驗生活。

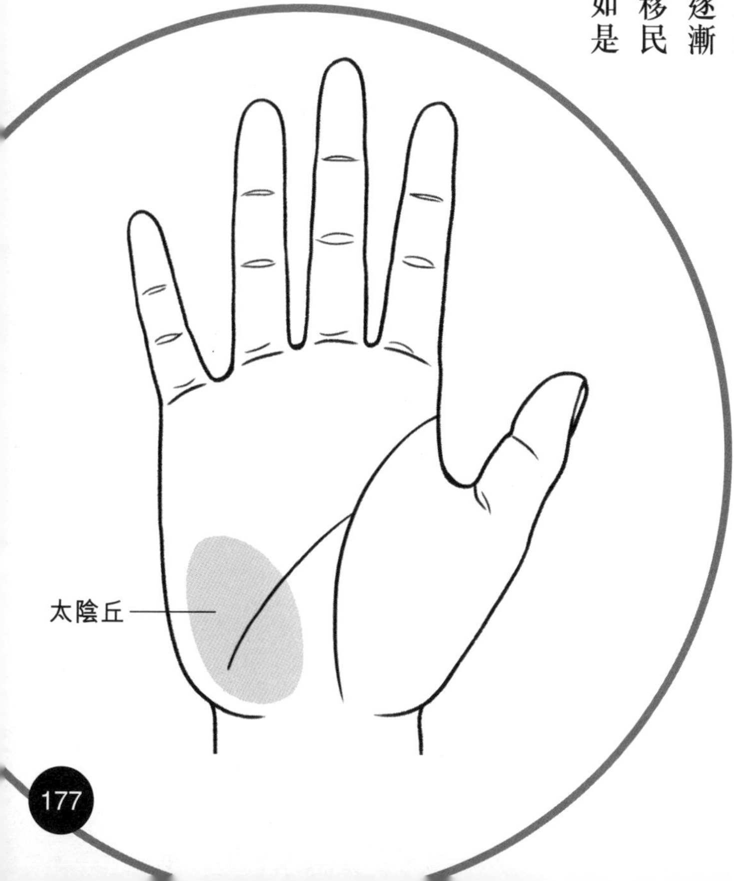

生命線末端有支線伸出，指向太陰丘

如在左手出現的話，與前一幅圖的意義相同；如在右手出現，就代表於中晚年以後才選擇到異鄉終老。

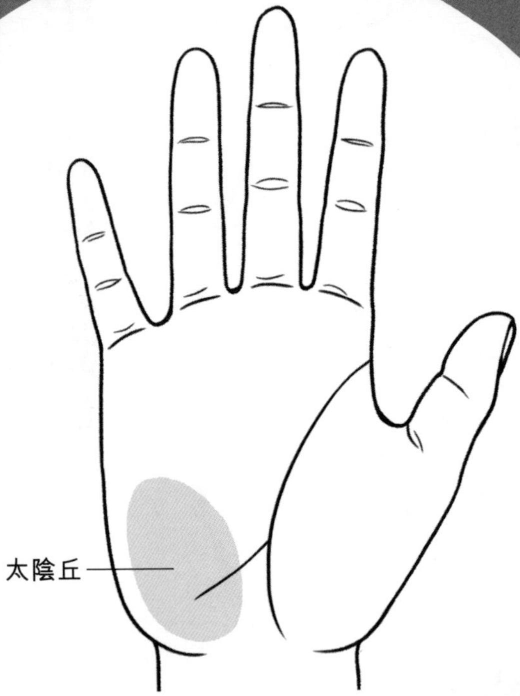

生命線末端有支線伸出指向太陰丘，其線尾端最後轉回金星丘

這條亦是移民線，代表中年時期已移民外地，但年老之時卻不想在異地終老，想落葉歸根，最後還擇回故鄉終老。

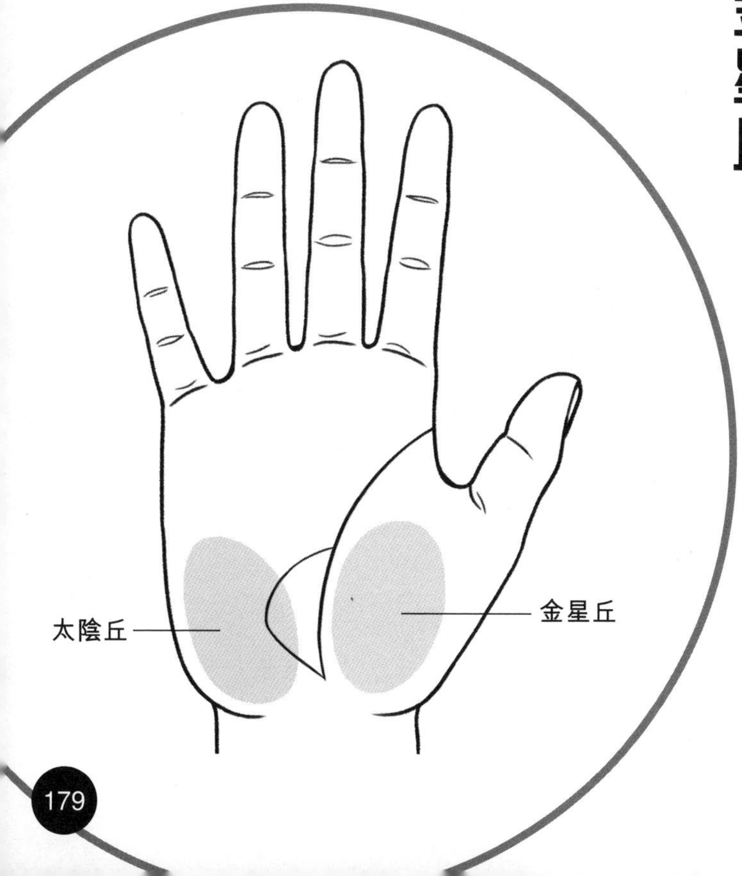

生命線末端有支線伸出指向太陰丘，又支線當中有島紋存在

這代表移居他方之後常常生病，亦代表在外地容易犯水險。

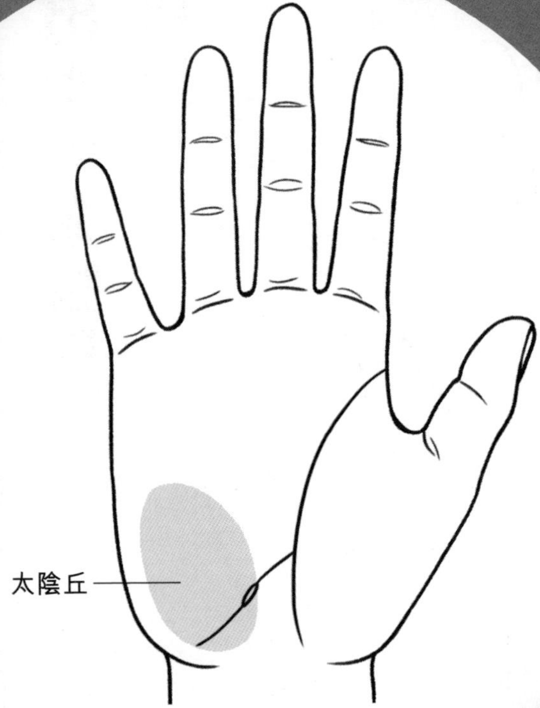

生命線主線有支線伸出，指向太陰丘，又支線上有十字紋存在

這代表移居他方之後會發生危險的事情，以致生命遇上危難。

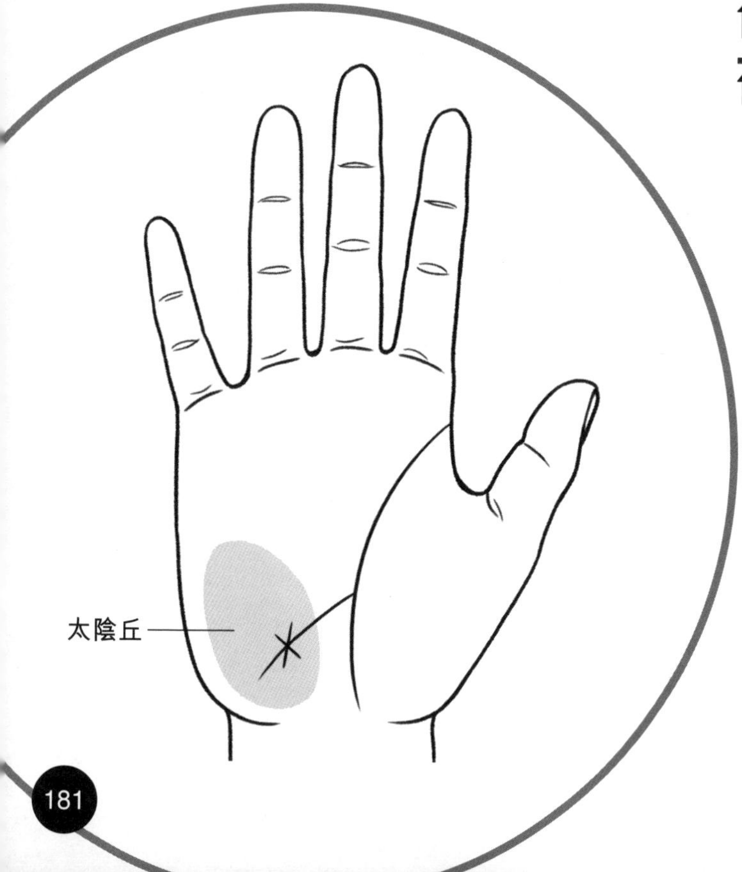

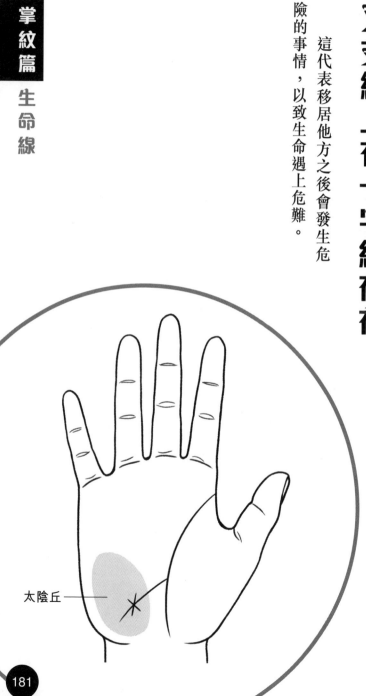

生命線末端分開成叉狀

生命線末端分開成叉狀是正常現象，沒有特別原因與代表。

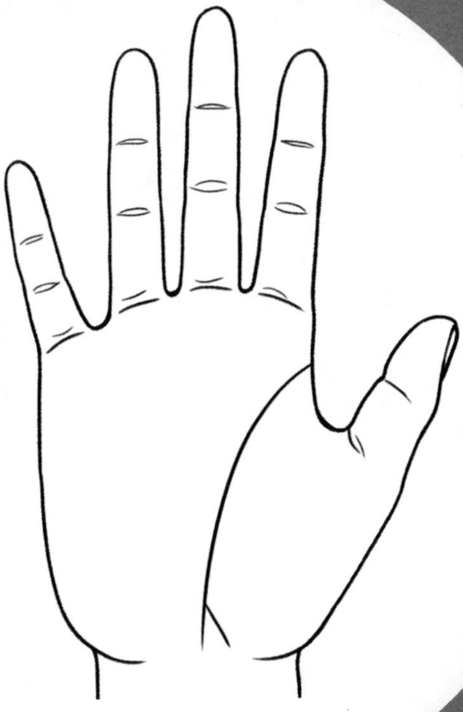

生命線當中有三角紋

三角紋代表安全之損傷、手術，即最終沒有生命危險；又手術、損傷年歲以三角紋所在之位置去判斷，以一個獨立之三角較為嚴重，三角形之大小反而不一定代表手術之大小。

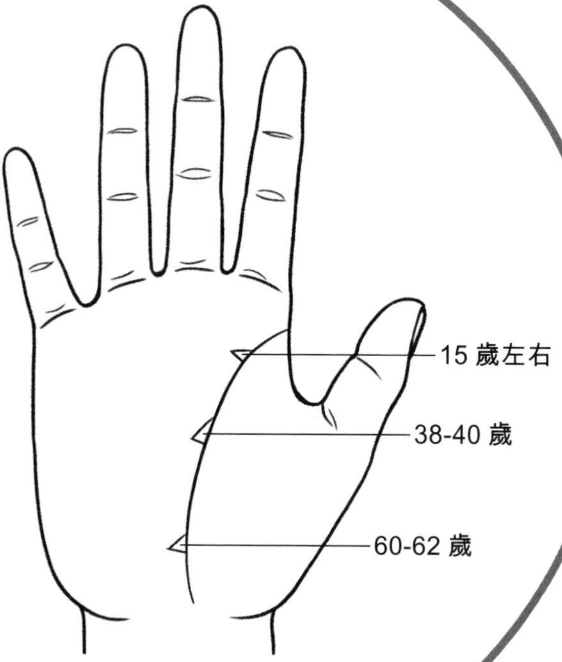

生命線出現多個三角紋

三角紋雖代表安全之損傷、手術，但生命線上出現多個三角紋，要經歷那麼多次手術，即使怎樣安全亦始終有危險吧！

幸好，手上同時出現多個三角紋者，多數不是代表要做多次手術，而只是其人常常粗心大意，走路跌倒，以致手腳損傷而已，又此種線紋在女性手中較為常見。

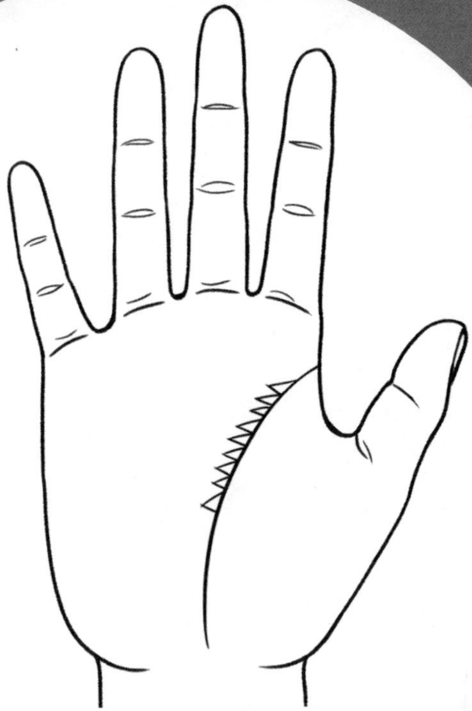

生命線當中有十字紋存在

這是一個非常不佳的記號，代表有突發性的危險事情發生，而發生意外之年歲以生命線之年歲計算（詳見第125頁）。

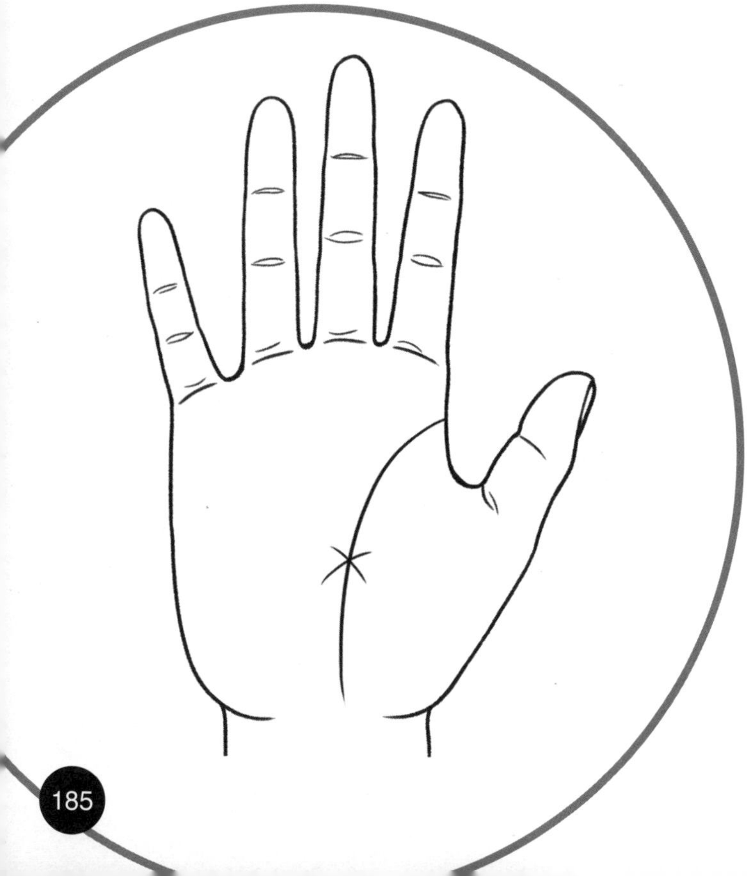

生命線當中有星紋存在

生命線當中的星紋，其意義與十字紋相同，同樣主有突發且會威脅生命安危之事。

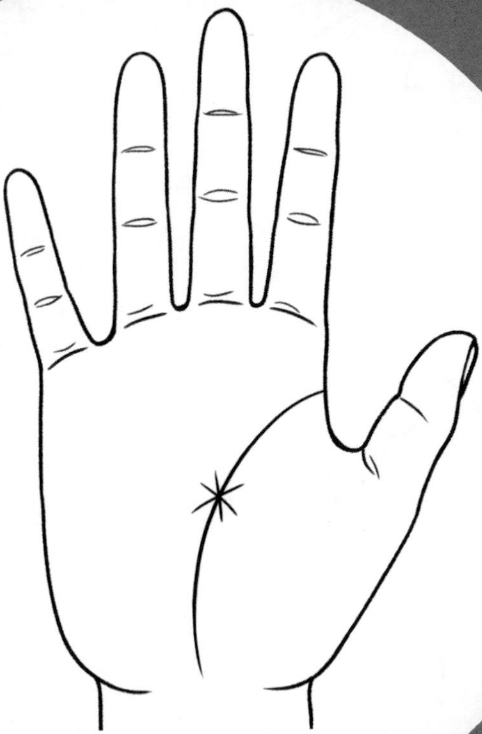

生命線末端出現星紋

如星紋出現在生命線末端，這將會是一個凶兆，代表壯年之時死於非命。

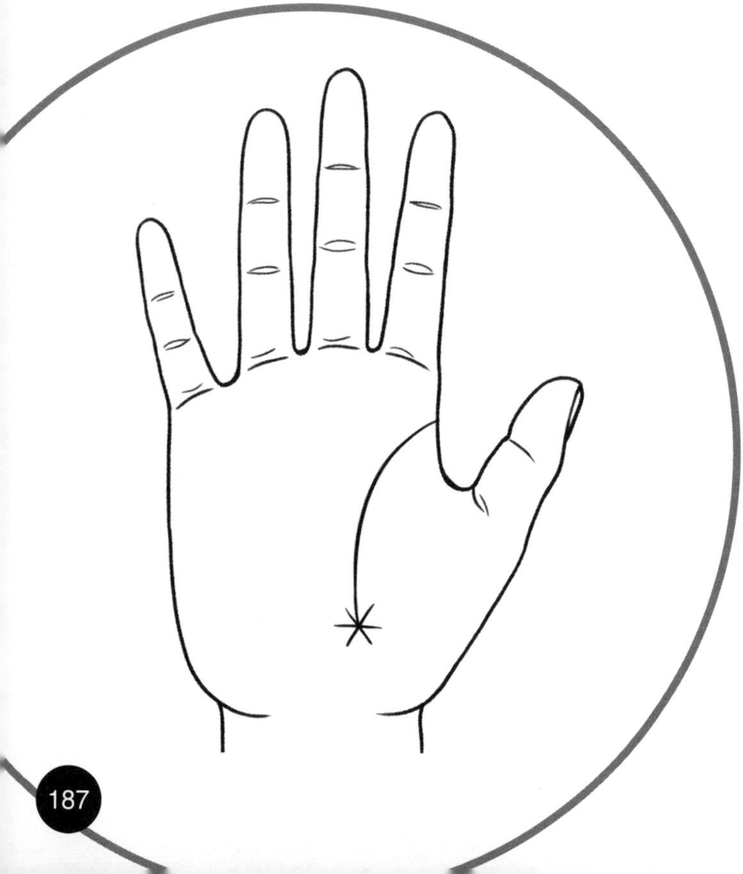

生命線有污點或凹痕

生命線有污點或凹痕，主有突發性之疾病，如污點是紅色則更為嚴重。

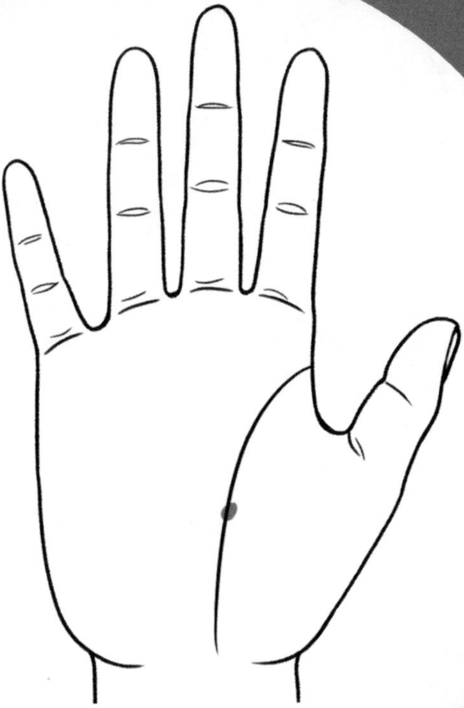

生命線當中有圓環紋存在

生命線當中出現圓環紋，主有眼疾或視力衰退。

註：在筆者從事命相學這三十多年裏，從沒有見過有圓環紋出現在生命線。但不論在中外掌相學著作及本人老師的傳授皆有提及此圓環紋，故在此不得不予以保留。

生命線末端有方格在金星丘內

生命線末端有方格在金星丘內，代表晚年過着孤獨的生活，可能是晚年在牢獄或修道院隱居度過。

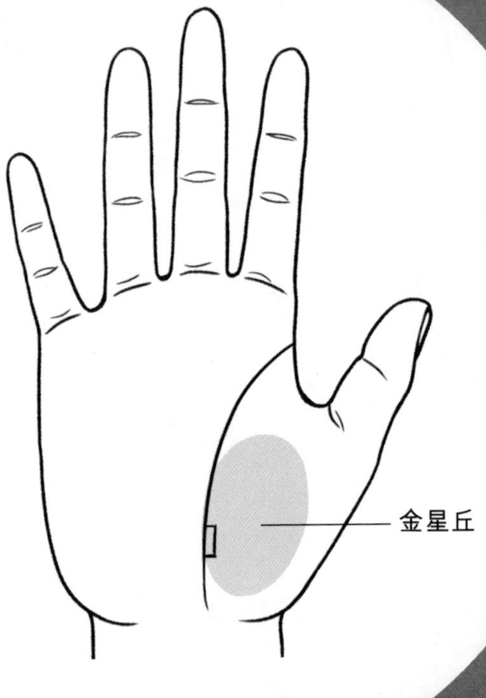

沒有生命線

生命線是三條主要線之一，如掌中有心線、腦線而缺少生命線，便代表其人體質脆弱，隨時會有嚴重疾病，可能引致死亡。

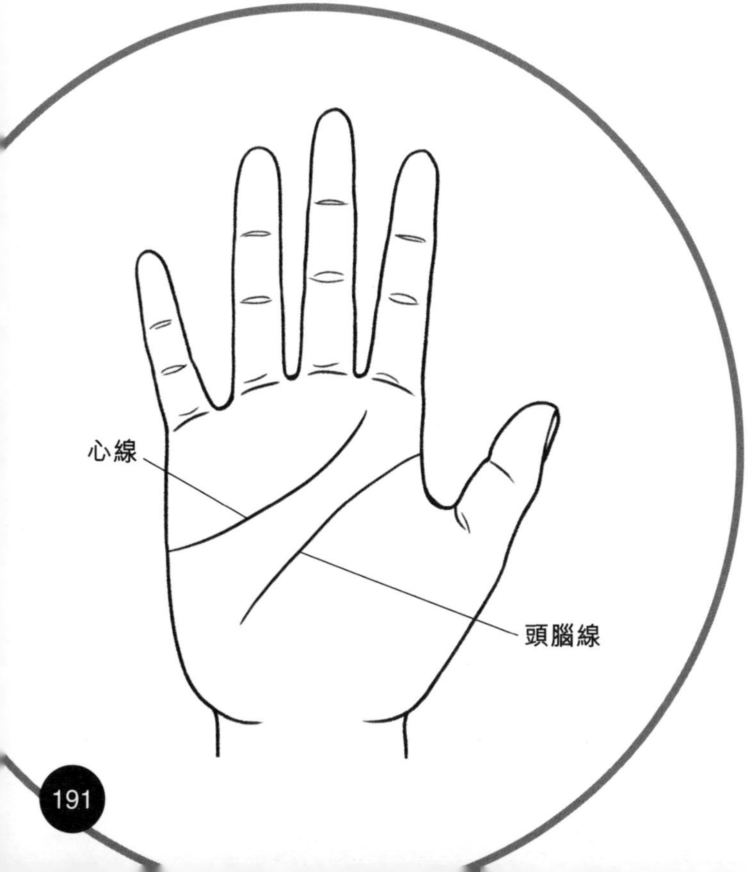

頭腦線

頭腦線又稱為「腦線」，這是一條表示一個人智力高低、思考方式及處世態度的線。

又常用的手看三十五歲後，而一般人較多用右手，所以以右手來判斷三十五歲以後，左手判斷三十歲以前。

正常頭腦線

頭腦線起點在木星指基部，位於與金星指分開位置的中間，與生命線起點稍作相連，而後橫過掌中，線尾稍作下垂，便為正常的頭腦線。

此線代表其人智力發展正常，理想與現實能得到平衡的發展，不會過分現實，亦不會過分幻想。

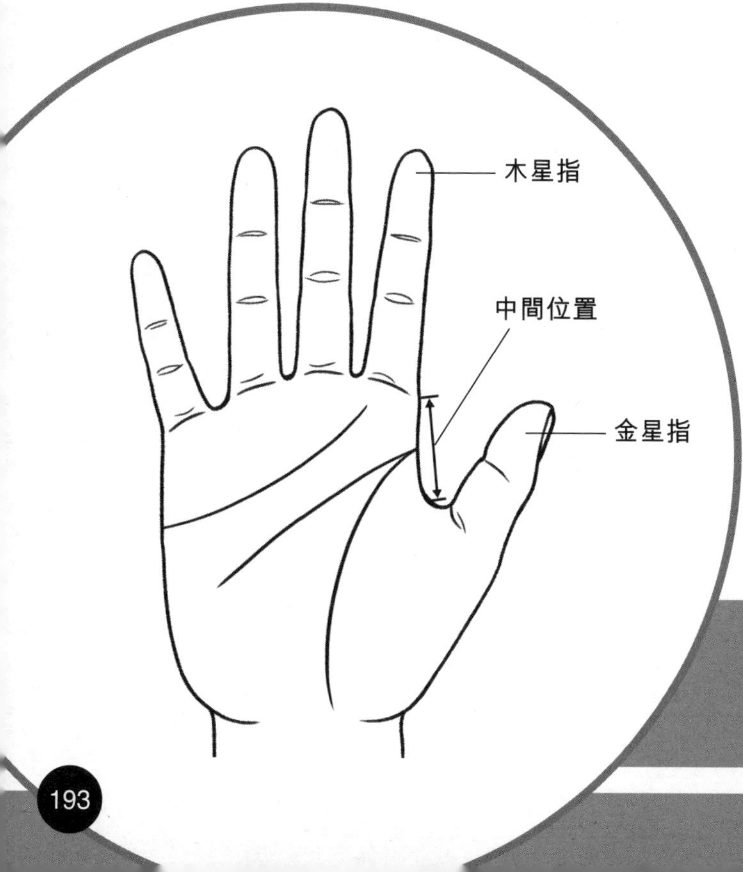

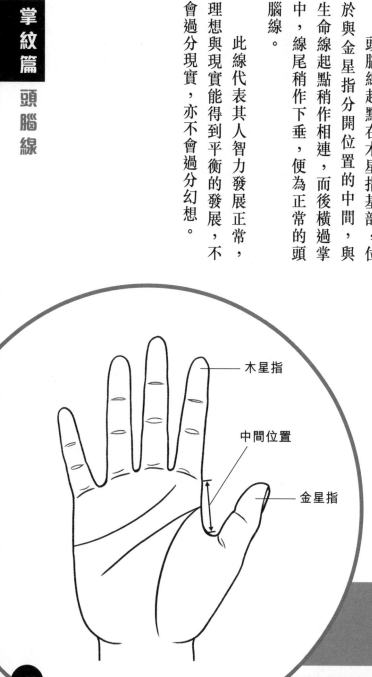

腦線短

頭腦線長度僅及至土星指下，是一條非常短的頭腦線，表示其人不愛思考，不適宜從事思考性及變化性的工作，只可從事一般不用思考、機械式的工作。

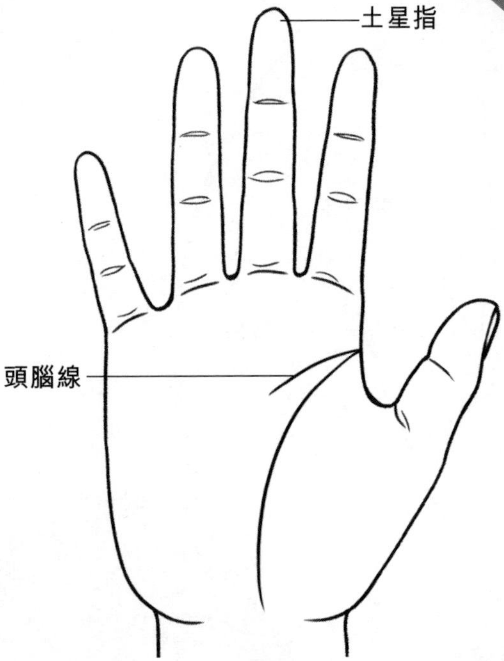

正常長度的頭腦線

頭腦線長度達至太陽指下，代表智力發展正常，可以從事一些較複雜的思考性工作，如加上線紋又深又清的話，則從事需要計算的工作亦相當適合。

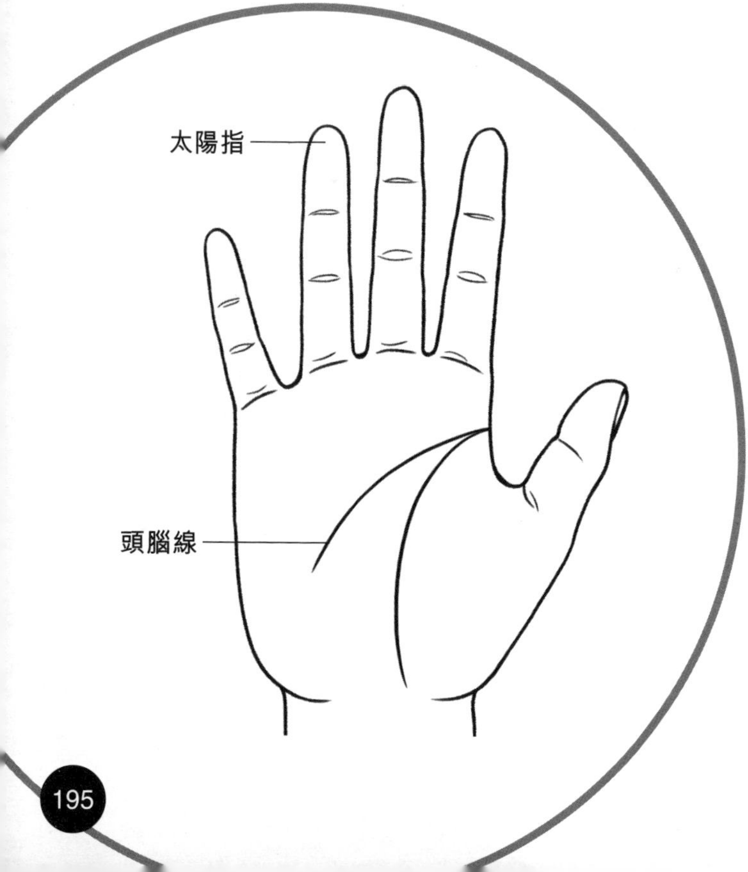

較長的頭腦線

長度遠至水星指下者，是為很長的頭腦線，代表頭腦發展良好，愛好思考，每遇不可解決的事情，他／她都會細心分析，務求想出解決辦法，久而久之，智力自然／在一般人以上。不過，頭腦線必須深而且清，方為有用，如果長而不清，則其人只是愛好思考而已，但頭腦並不清晰，有時甚至會鑽牛角尖。

又水星丘代表創造、發明、科學、商業頭腦，故腦線長度達至水星丘下，亦代表其人具創作、發明及商業頭腦，在一般發達社會中，有長頭腦線的人會較多。

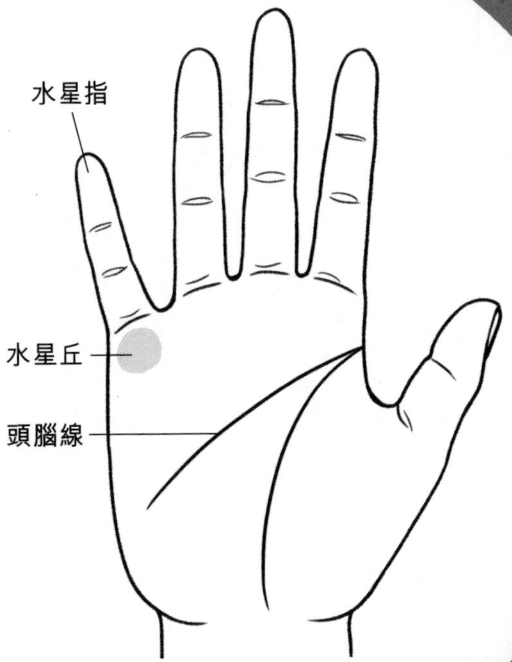

腦線長而平直橫過掌中

這是代表分析力強的頭腦線，意味着其人有數學天才，從事具分析性或與數學相關的行業，必然有出色的成就。

不過，這類人往往較為現實，相對重視金錢，且不是一個羅曼蒂克的人。

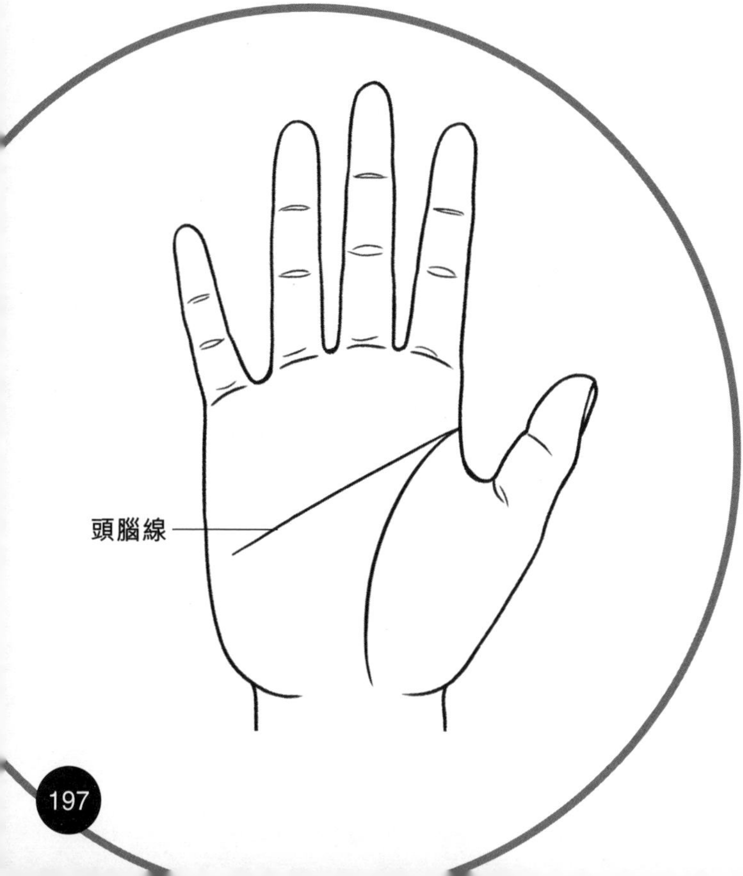

腦線長而稍作下垂

這是一條現實與幻想得到平衡的頭腦線，其人不會過分現實，亦不會過分幻想，重視金錢之餘，亦注重生活情趣。如果再加上線紋深而清晰，更代表他／她智力過人，且為人誠實可靠，是一個可信性較高的人。由於其智力過人，所以在社會上容易建立一番事業，有一定的財富與地位。

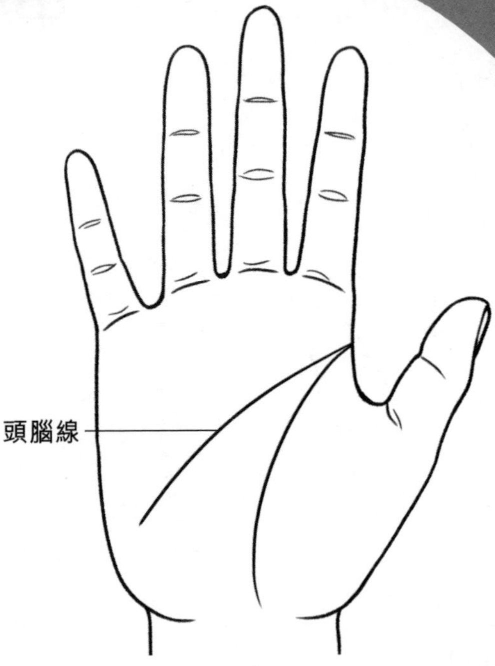

腦線下垂至太陰丘

這是一條極度愛好幻想的頭腦線，因太陰丘是幻想之丘，頭腦線下垂至此，自然會受其幻想性影響。由於太陰丘亦代表藝術、創作，故頭腦線下垂至太陰丘，代表其人適宜從事一些與幻想、創作、藝術相關的工作，成就必然較一般人高。另一方面，得此腦線者非常缺乏理財性、數學性，各位讀者從此線可以得知為甚麼真正的藝術家大多都不善理財。不過，現實生活中亦有一些商業手腕非常好的藝術家，但從掌相去判斷，他們從事的大多是商業藝術，真正的創作性不一定很高。

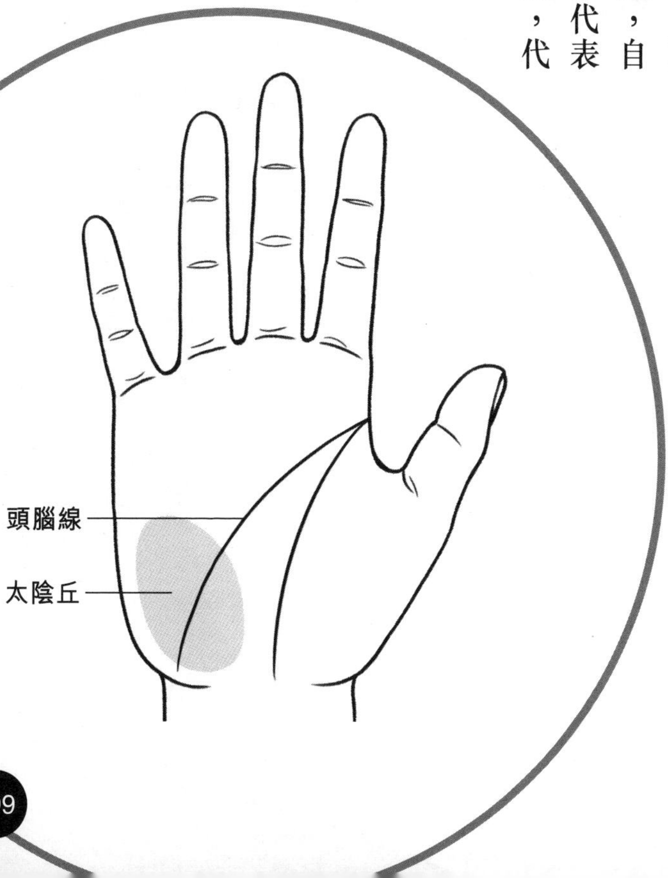

腦線下垂至海皇丘

腦線下垂至海皇丘，表示有不平凡的創作天分，適合從事藝術創作，且往往能人所不能，必能在藝術創作方面有不平凡的成就。不過，這類人的理財觀念較差，大多不懂得如何適當地運用金錢，以致財來財去，雖然為人吝嗇，但卻不容易積聚財富。

感情方面，其人容易被先天不穩定及多疑的性格影響，不容易維持一段穩定的感情，且為人較為飄忽，故不容易經營一段長久的關係。

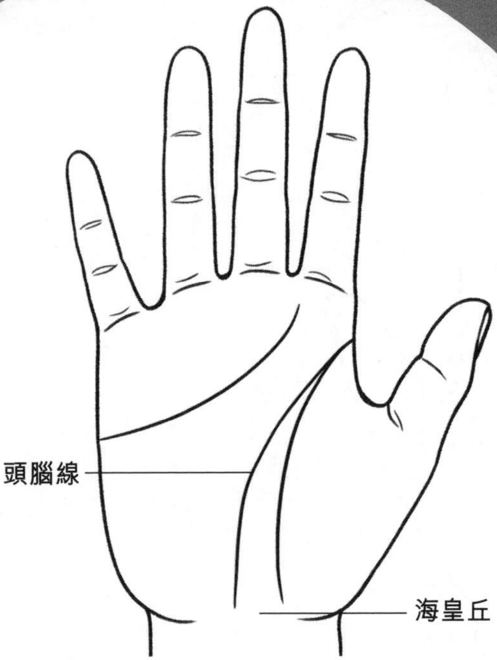

腦線尾彎曲向上

腦線線尾彎曲向上，意味着已超越了現實，代表其人對金錢非常重視，可說是到了認錢不認人的地步。

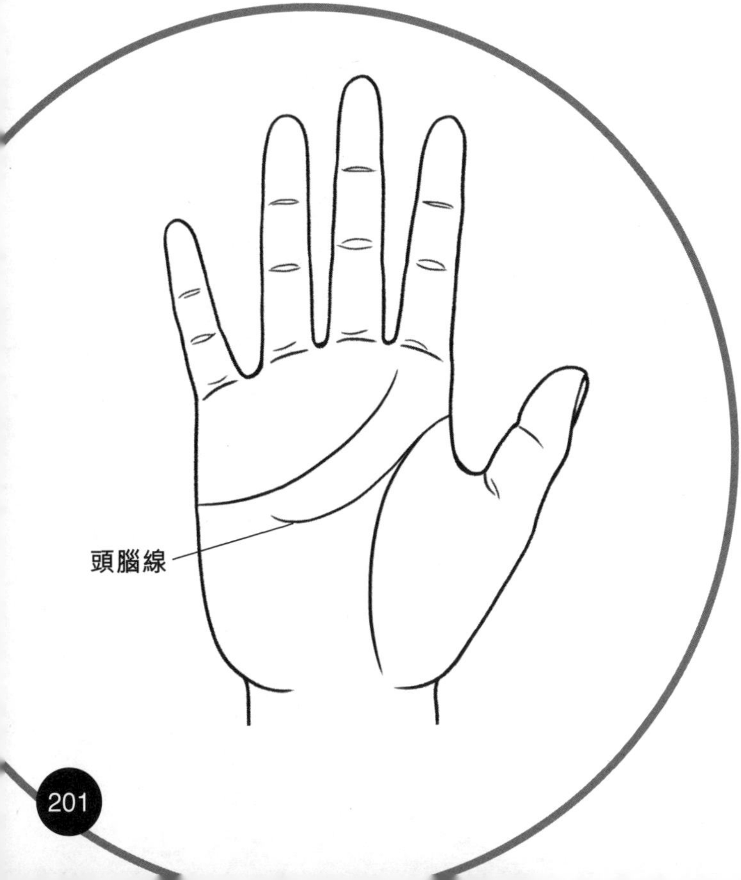

腦線線尾彎曲向上，觸及心線

這條是「超級現實頭腦線」，代表其人對金錢非常之重視，且佔有慾強，如果再加上手指歪曲，則當其人不能控制理智之時，有可能運用犯罪手段去獲得金錢，在所不惜。

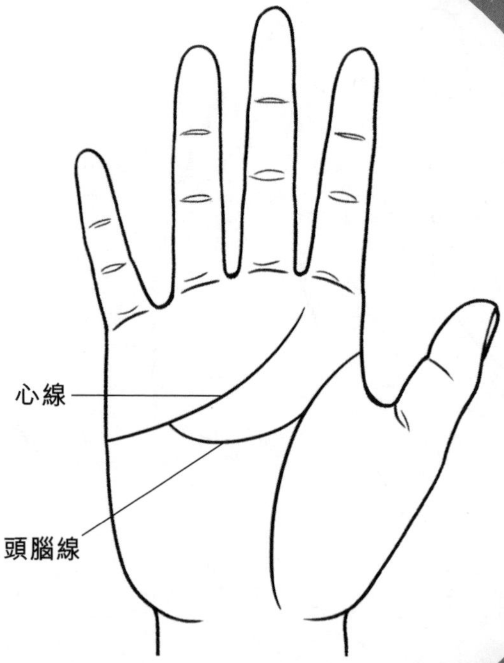

腦線末端向上彎至土星丘

腦線末端向上彎至土星丘，表示其人思想不正常，對人生不抱有期望，有隱居遁世之思想，且有自殺之可能，生命會較為短暫。

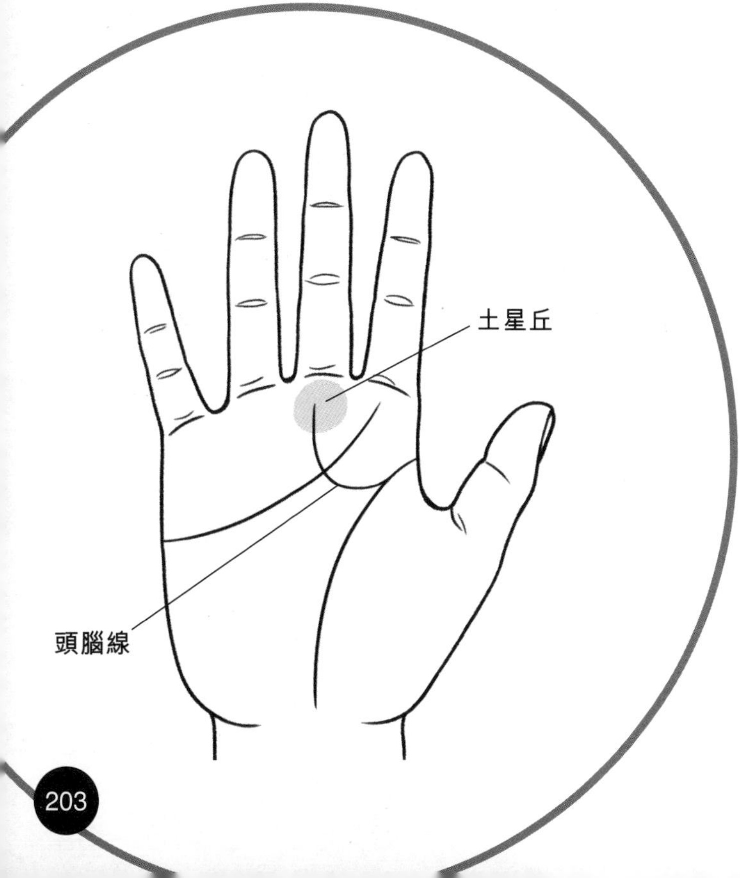

腦線起自木星丘，與生命線起點距離非常闊（川字掌）

腦線起自木星丘，與生命線起點的距離很闊者，為人自信心強，行為魯莽，個性衝動且缺乏自我控制能力，很容易破壞已得的成果。由於此線與生命線及感情線形似中國字的「川」字，故又稱為「川字掌」。

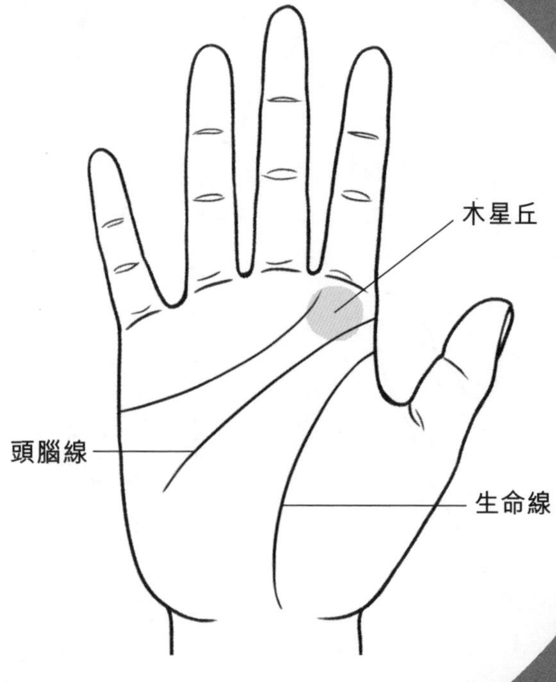

中國掌法稱，川字掌的女性早婚（二十五歲前）的話，會較容易離婚，究其原因，是她們可能因一時衝動而結婚，唯婚後又發覺對方不適合自己，結果又衝動地去離婚，故說川字掌的女性以遲婚為佳，皆因待其思想較成熟，不那麼容易一時衝動、不顧一切地行事後，自然會減低離婚之機會率，但並不表示遲婚就一定不會離婚。

腦線起自木星丘，中段有一節靠近生命線，然後再順延至掌中

此頭腦線表示其人雄心大，在實現自己的理想時富有冒險精神，如加上腦線清晰，則更有不平凡的智力，善於開創新機，邁向成功。又因其上進心強，故不管從事任何行業，皆能處於領導地位。

另外，此線起點與生命線雖然分開，顯示性格較為衝動，但因有一節靠近生命線，故代表行事之時，亦曾經過考慮，並不是一個魯莽行事的人。

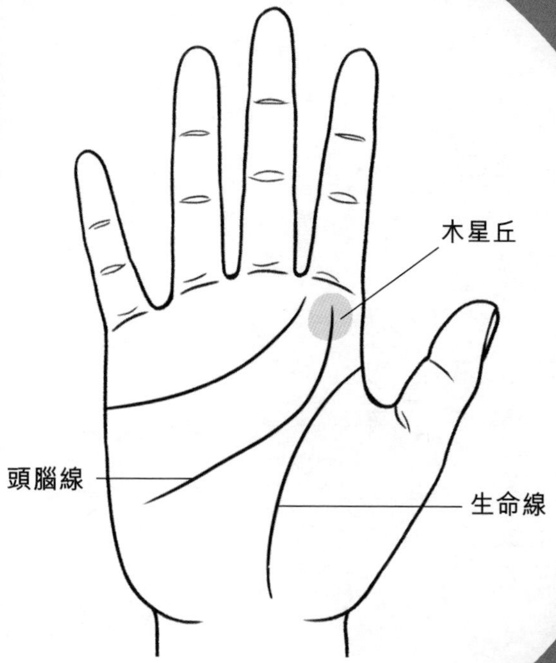

腦線起自木星丘，中段有一節靠近生命線，然後再分開，下垂至太陰丘

此線表示其人在藝術方面，有冒險創作的精神，加上其不平凡的幻想能力，實不難在創作藝術方面得到一番成就。

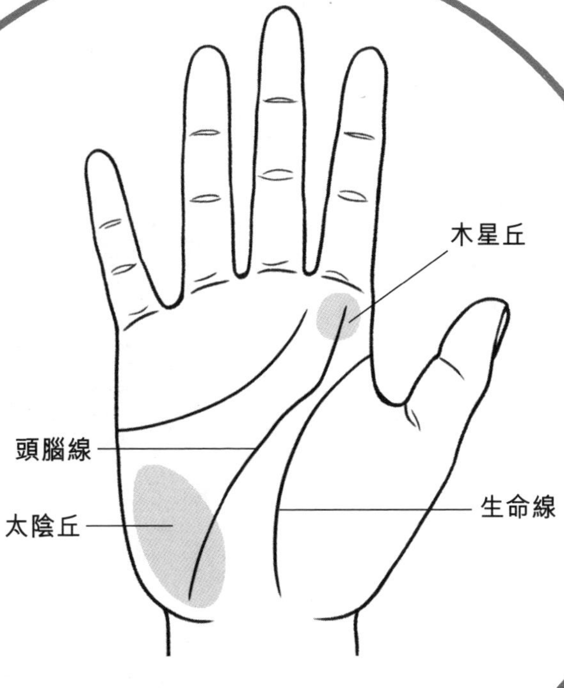

頭腦線起自木星丘，中段有一節靠近生命線，然後再下垂至太陰丘，末端有一個三角形符號

表示幻想重，有創造力，有科學的發明天分，如從事科學研究，不難獲得不錯的成果。

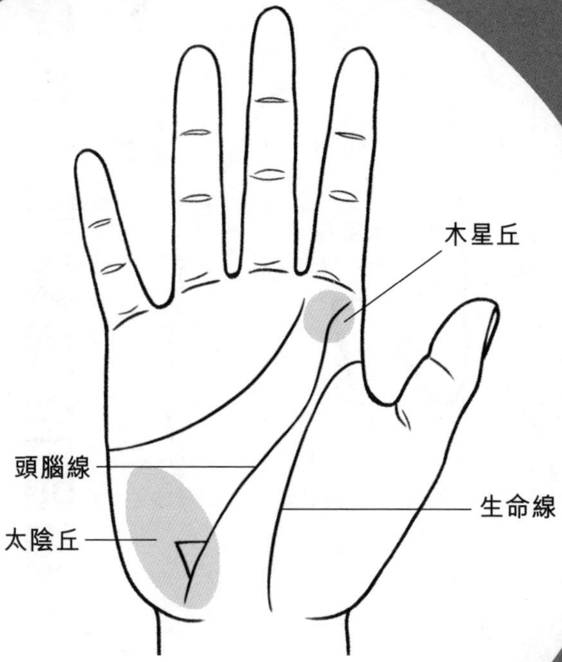

腦線起點與生命線稍為分離

腦線起點與生命線稍為分離，代表自信心強，但不會過強，不致流於魯莽。

得此線者，為人富進取心，行事敏捷，精力充沛，喜歡引人注意，如從事演藝界，可說是非常合適。

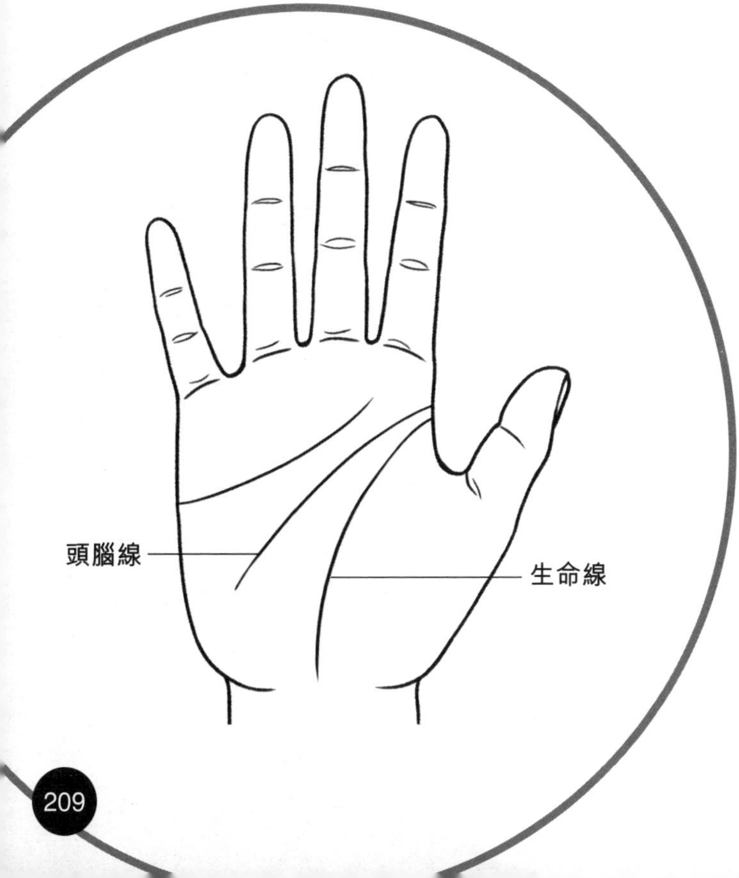

腦線稍為觸及生命線便馬上分開

這是一條很好的頭腦線，因頭腦線與生命線相連愈多，則其人在作出決定時，需要思考、決定的時間便愈長。因此，頭腦線觸及生命線後馬上分開者，為人決斷，反應敏捷，但腦線必須清楚無雜紋才有用，否則徒具決斷力，但思考能力差，人又不聰明，便反而會決定錯誤。

另外，如果頭腦線平而清晰地橫過掌中，則其人智力佳，善理財，再加上決斷、反應快，必然能在事業上獲得不錯的成就與財富。

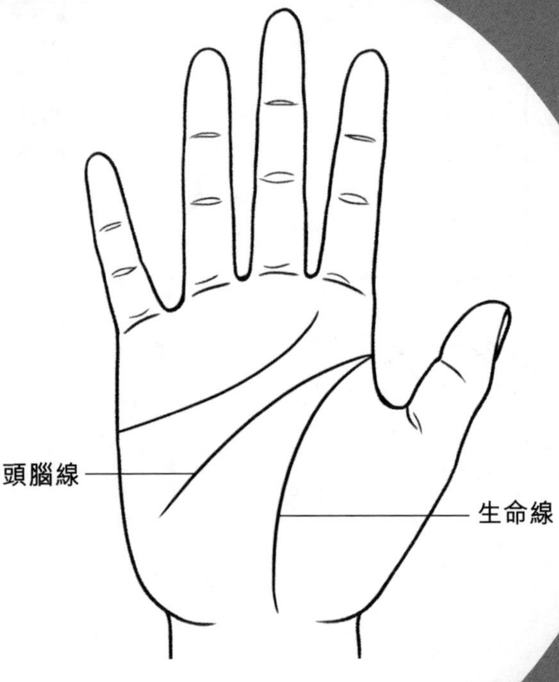

腦線與生命線相連在一厘米以內然後分開

腦線與生命線相連不足一厘米然後分開者，表示其人思想敏捷，遇事只要稍為經過考慮，便能很快下決定；如果腦線清晰的話，更代表從事任何行業皆能夠盡善盡美。

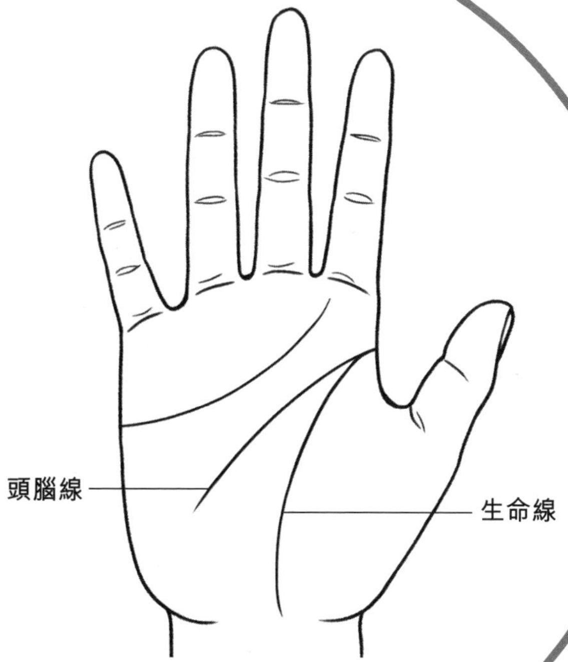

腦線與生命線相連一至二厘米然後分開

腦線與生命線相連一至二厘米然後分開，表示為人深思熟慮，每事定必經過反覆思量才能下決定，所以不適宜從事要一剎那作決定的工作，如股票投機、賭博炒賣等，反而從事一般性工作，則這種細心和反覆思量的性格，更能做到盡善盡美，比較容易有一番成就。

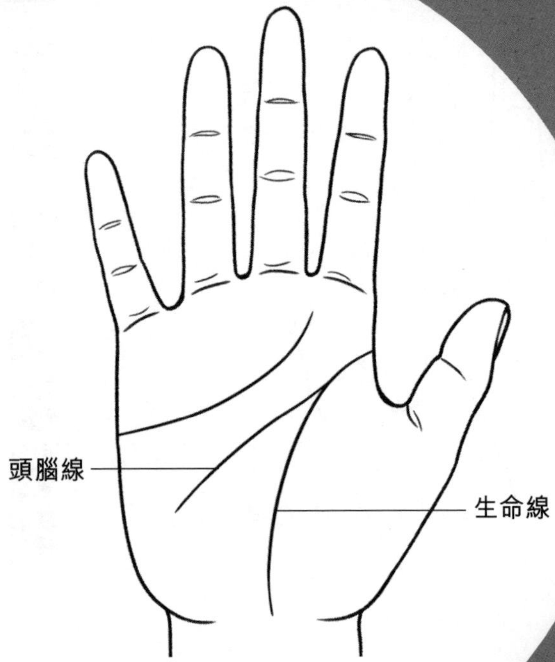

腦線與生命線相連二厘米以上，甚至三、四厘米才分開

腦線與生命線相連二厘米以上才分開，代表其人過分小心謹慎，每事經反覆思量後都下不了決定，總是這邊決定，那邊又把自己的決定推翻，最終還是猶豫不決，下不了定論。如腦線與生命線相連達三、四厘米或以上，更代表其人不能承擔責任，只可以從事一般不需要決策的工作。同時，這類人膽量亦小，往往過分小心謹慎，缺乏自信心，難成大事。

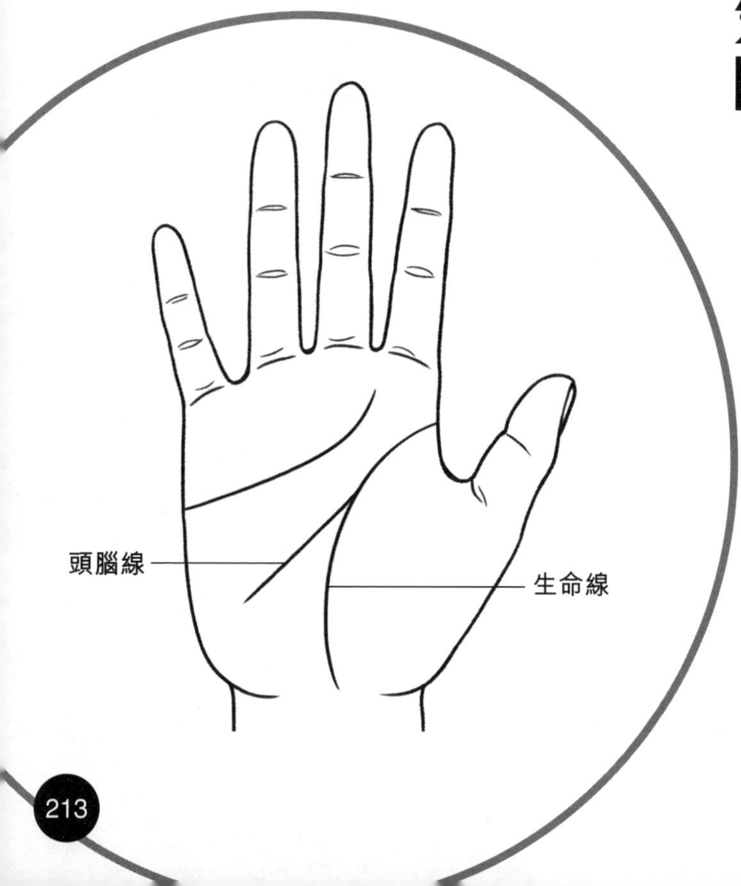

腦線起自下火星丘

下火星丘代表爭鬥，脾氣暴躁，好與人爭執，故腦線起自下火星丘，代表其人行為粗野無禮，脾氣暴躁，每每因小事而與人大吵一頓，一生的時間就在小事間吵鬧度過。

因此，凡腦線起自下火星丘，不論終點往何方，都不是一條良好的頭腦線。

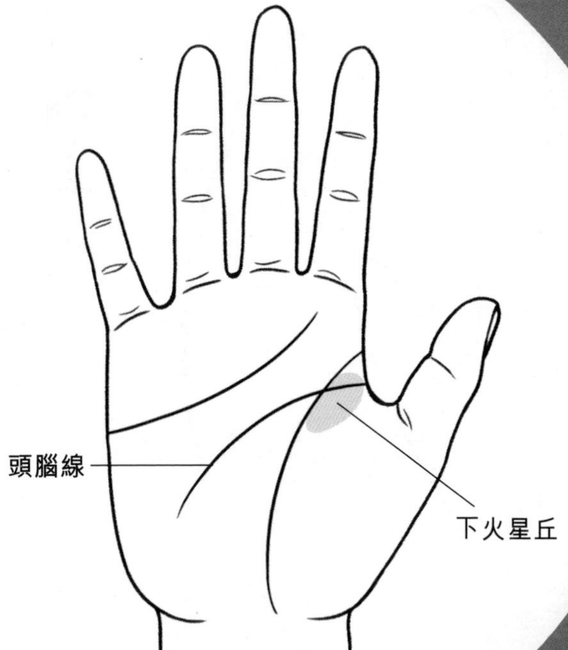

腦線起點與生命線相連，但在木星丘下作拱起之狀，然後再橫過掌中

代表野心大，好支配別人，且為人有志氣，個性堅決，有領導群眾的才能與決心，故其願望最終必然能夠實現。

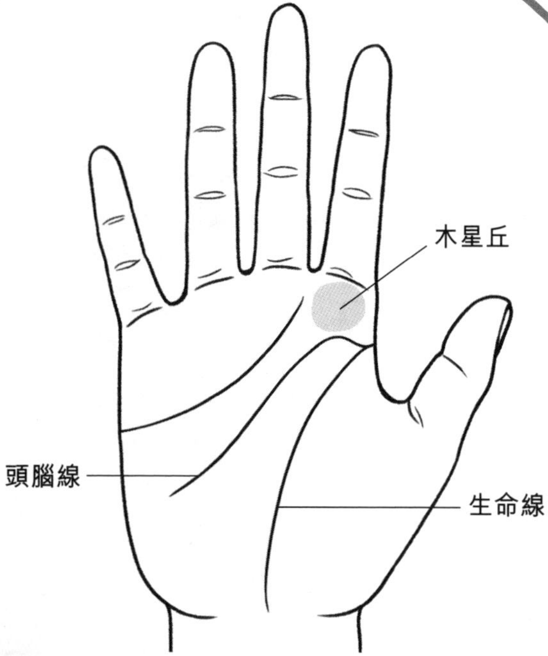

腦線在土星丘下拱起靠向心線，然後和心線平衡

腦線在土星丘下拱起靠向心線，然後和心線平衡者，代表思想不正常，有嚴重犯罪傾向。

如拇指強大、中指挺直，問題相對較不嚴重；但如再加上各手指屈曲，則這種情況將更為明顯。

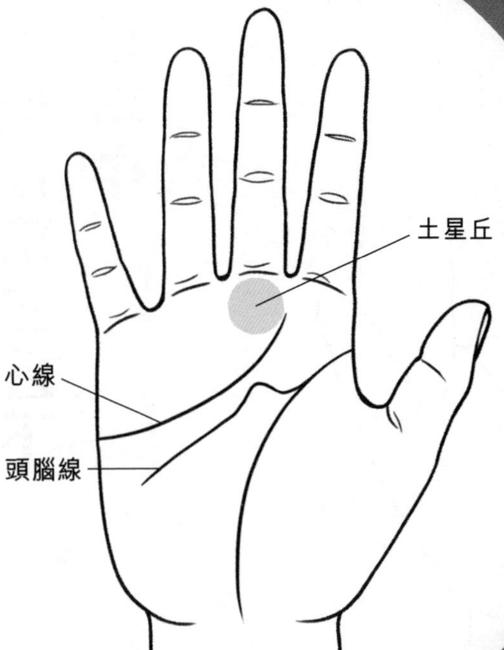

腦線在中途拱起，靠近心線

腦線在中途拱起，靠近心線，既代表容易患上心臟悸動不正常，亦代表氣管狹窄，容易患上氣管疾病如哮喘等。

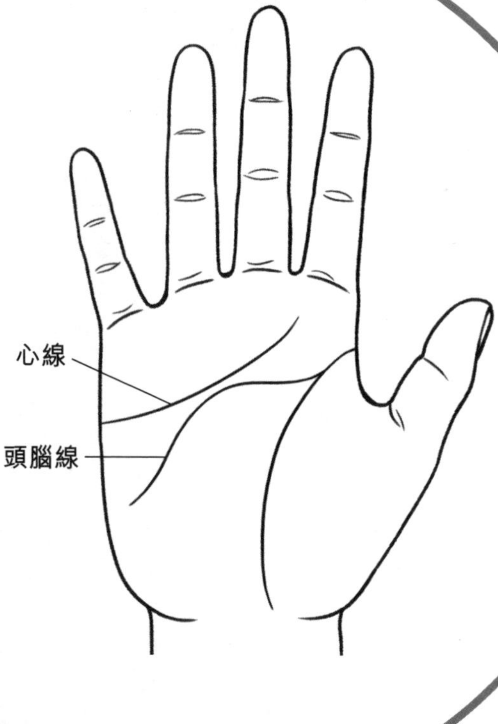

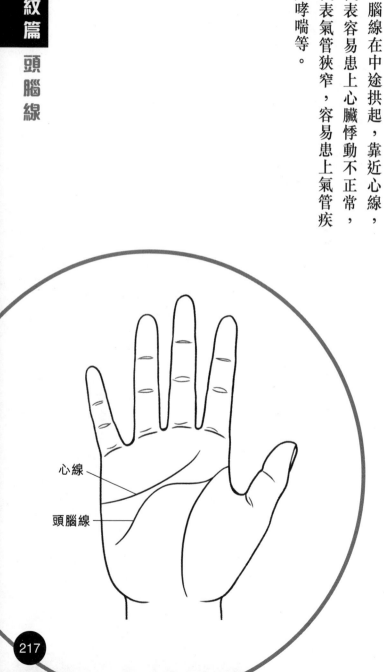

腦線起點與生命線相連，但分開以後，下垂彎入金星丘內

腦線起點與生命線相連，但分開以後，下垂彎入金星丘內，主其人有精神病，有自殺之可能，亦可能受家庭事件刺激，而引致精神錯亂。

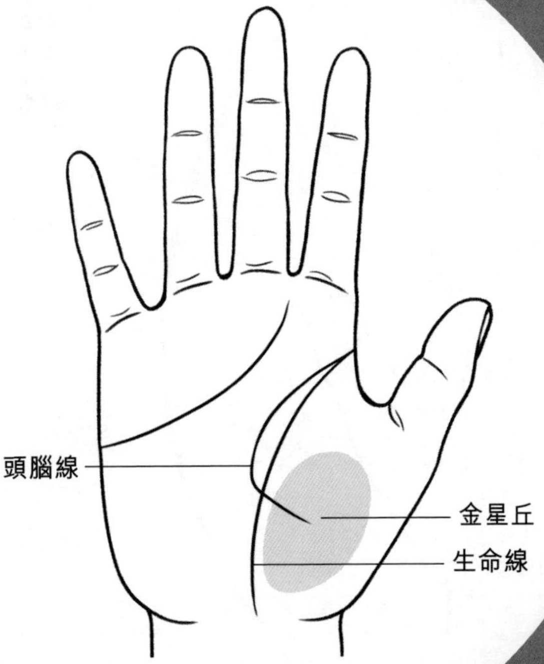

腦線在中間折斷

腦線在中間折斷，主頭部受傷，腦部受到嚴重損害。

如尾段良好，則有復元之可能，如尾段較弱，則不能回復以前的狀況。

此外，亦代表其人思想不連貫，飄忽不定。

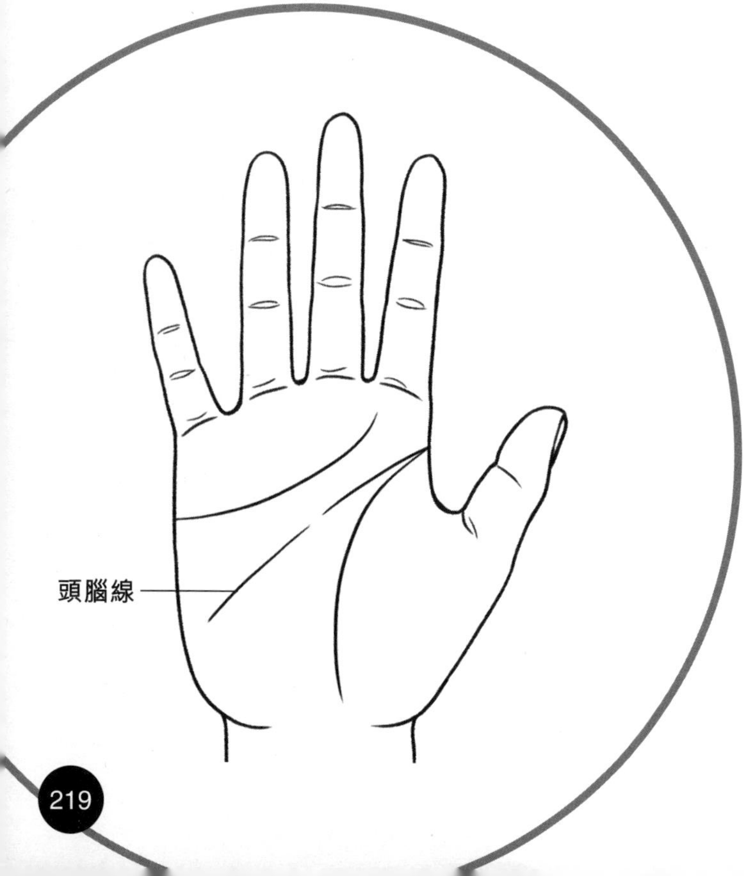

腦線整條由多條細線組成

整條腦線由多條細線組成，表示其人思考不清晰，飄忽不定，時而這樣，時而那樣，記憶力差，常常把說過的話忘掉，說自己從沒說過。這類人容易有輕微的精神病，但問題並不嚴重，主要是情緒不定而已。

這樣的腦線在女性掌中較為常見，所以女性情緒不定的問題會較男性嚴重。

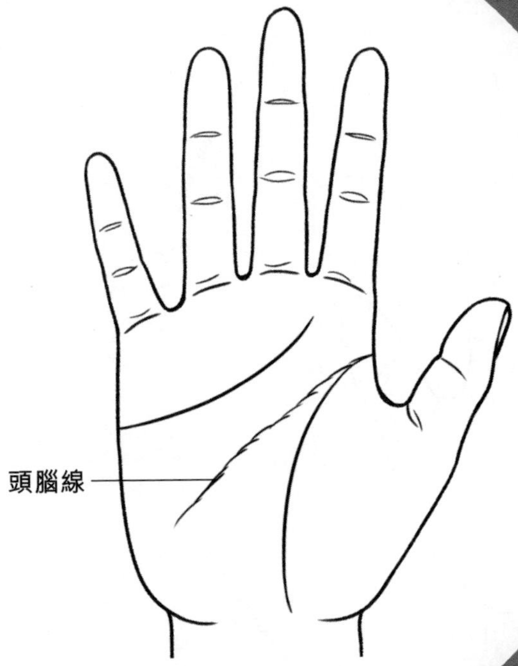

腦線呈片段狀

腦線不能整條連貫，代表思考不能一氣呵成，思考之時往往如一個一個片段，不能連貫起來。

另外，此線亦代表其人易患頭痛疾病，記憶力差，精神不集中，情緒容易產生波動，不適宜從事思考性的工作，宜多做帶氧運動，讓氧氣達至腦部，從而減輕問題。

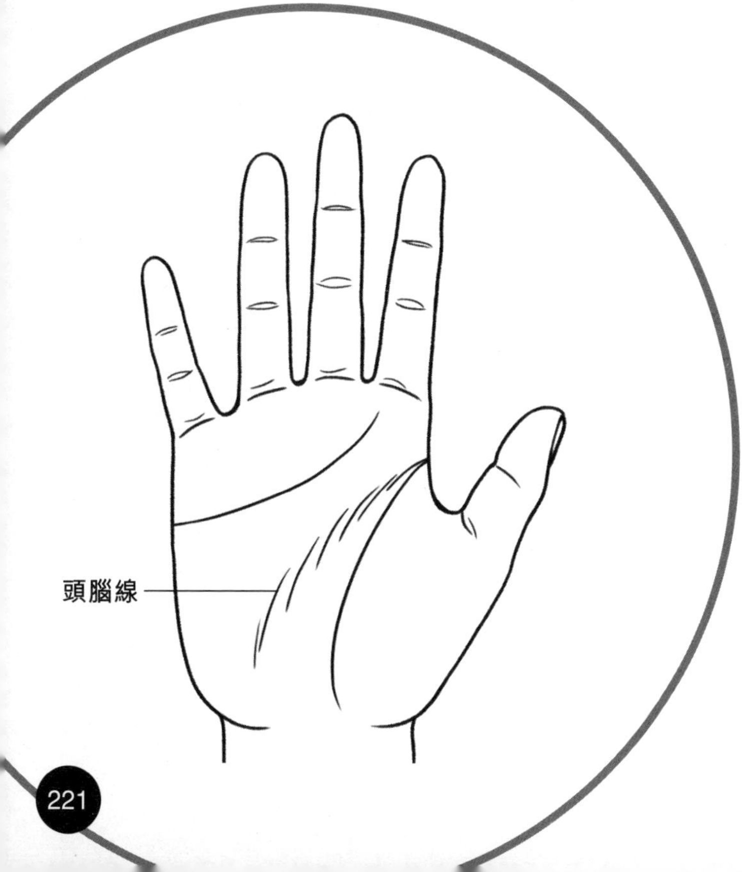

腦線中斷或折疊在土星丘下，加上生命線末端有一橫線切過

代表為人不顧危險，冒險前進，可能會遇上意外，引致失卻工作能力，甚至失卻生命。

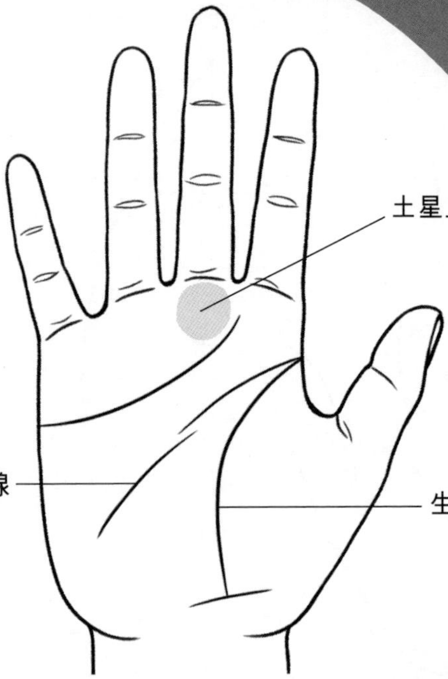

腦線又淺又闊，模糊不清

腦線又淺又闊，模糊不清，表示思考不清晰，意識模糊，不能有系統地分析每件事情，且容易患上頭痛疾病甚至神經衰弱。

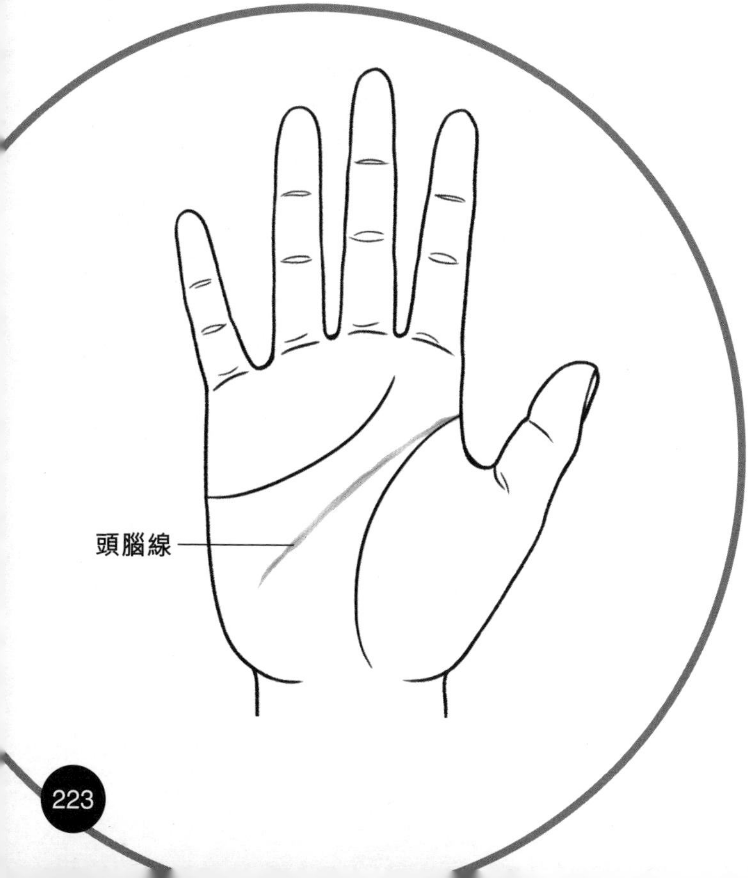

腦線呈彎曲狀

腦線呈彎曲狀者，個性反覆無常，時而這樣，時而那樣，很容易把決定了的事情推翻，不是一個容易相處的人。

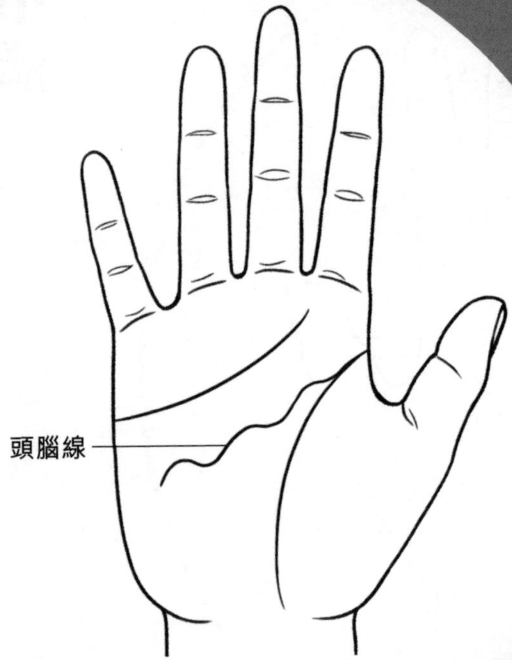

腦線當中有島紋

腦線當中有島紋，代表易患頭痛病，思想不能集中，精神容易疲勞，如島紋位於土星指下，亦代表易患眼疾，是近視眼的記號。

此外，這亦是因失戀而引致精神不能集中的記號，如在左手代表三十歲以前，在右手則代表三十五歲以後，而島紋的大小、長短，就代表精神所受的創傷之嚴重性，以及失去思想能力的長短期。

又此島紋亦代表因受外來之創傷而引致的腦部損害。

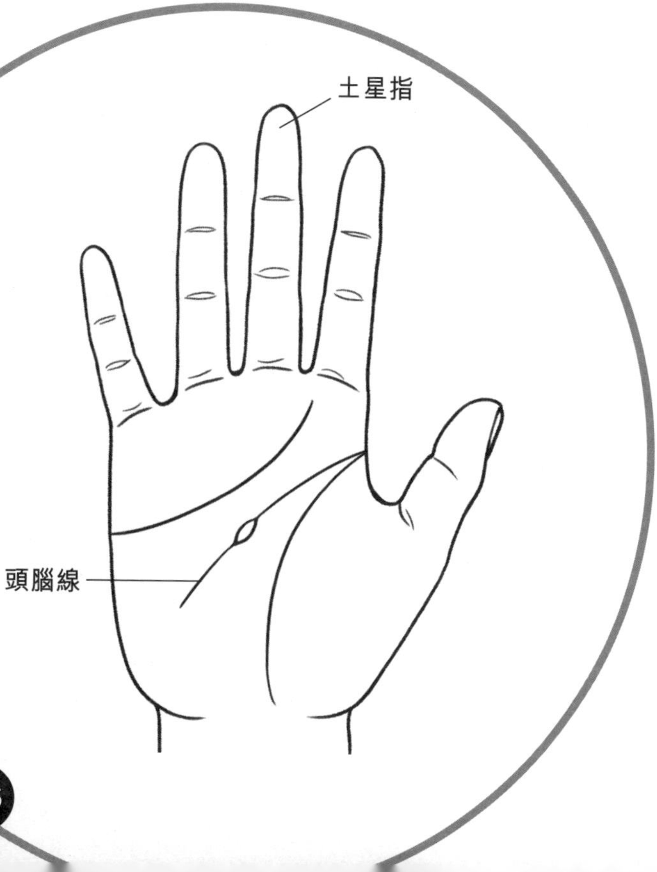

腦線由一連串的島紋組成

整條腦線由一連串的島紋組成，代表思考能力出現嚴重問題，有可能無法正常地思考，亦代表容易有頭痛情況出現，更嚴重者會精神錯亂。

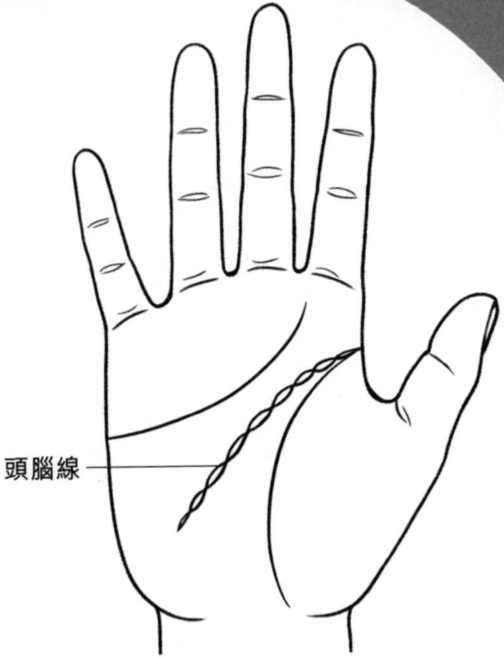

腦線開始時由島紋組成，但中段以後轉為清晰

腦線前段由島紋組成，但中段以後轉為清晰，代表其人先天性思考出現問題，腦力不佳，精神不能集中，常患頭痛病，但及後身體狀況好轉，精神亦隨之逐漸恢復過來，回復一般正常人的思考能力。

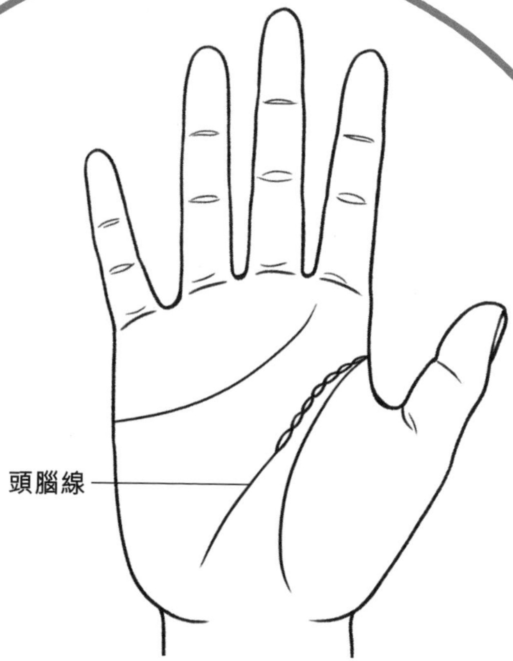

腦線開始時非常清晰，但中段以後由一連串之島紋組成

腦線前段非常清晰，但中段以後由一連串島紋組成，代表青少年時思想清晰，暢通無阻，但中年以後可能因疾病、意外損傷或感情打擊，而引致精神不能集中，思考能力每況愈下。

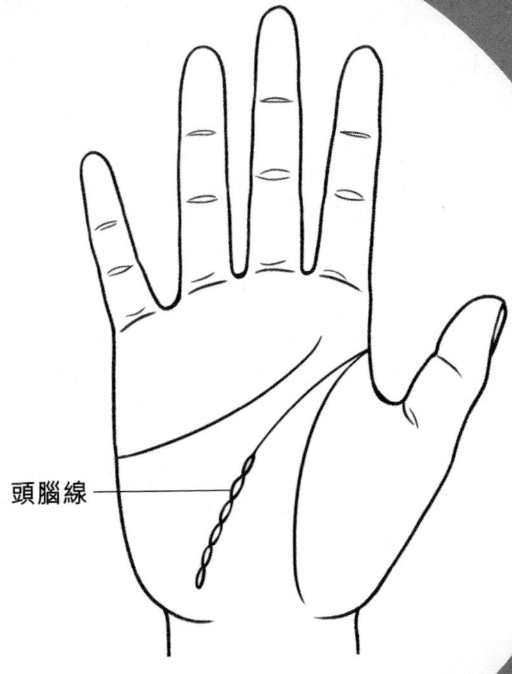

腦線開始時模糊不清，但中段以後變為清晰

這是一條很常見的頭腦線，代表青年以前，思想不集中，目標不明確，但中年以後，當思考日漸清晰，目標明確起來時，便能建立一番事業。

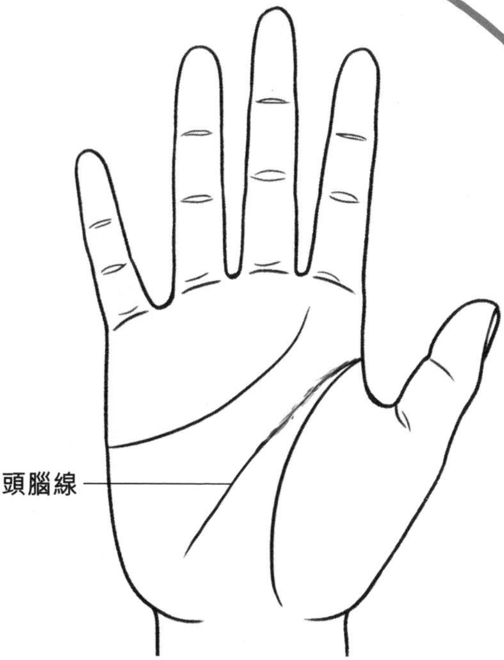

腦線開始時清晰，中段以後轉趨模糊

腦線前段清晰，中段以後轉趨模糊，代表少年時期思想集中，智力發達，可能在學業上名列前茅；但當踏足社會後，表現卻每況愈下，再加上精神愈來愈不集中，記憶力日漸衰退，以致表現愈趨平常，最後一事無成。

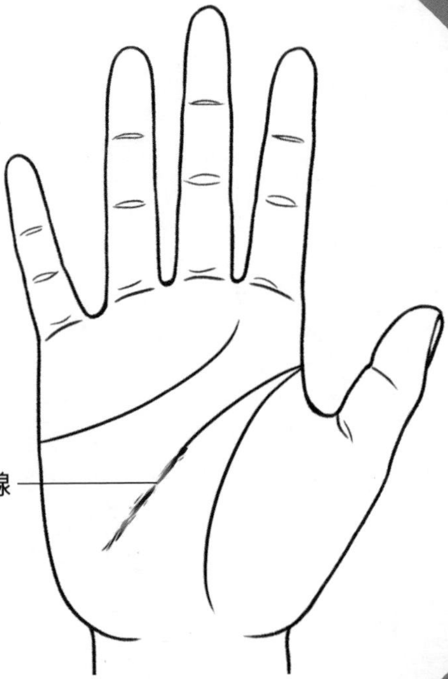

腦線當中有十字紋出現

腦線當中有十字紋出現，不論在任何一處，都是一個凶兆，表示失卻幸運，容易遭遇意外，繼而生命出現危險。

如發現在生命線上同樣出現一個十字紋，則代表這意外將無可避免。

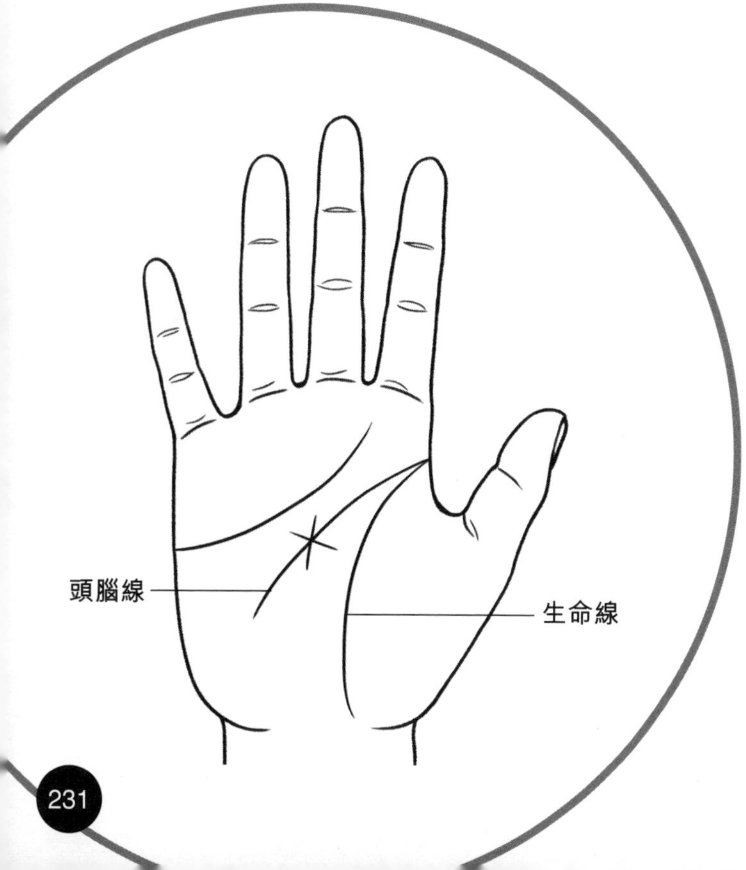

腦線當中出現凹痕或藍點

腦線當中出現凹痕或藍點，代表那段時期會患上慢性頭痛病，亦表示在那個時期常常猶豫不決，精神不集中，記憶力衰退。

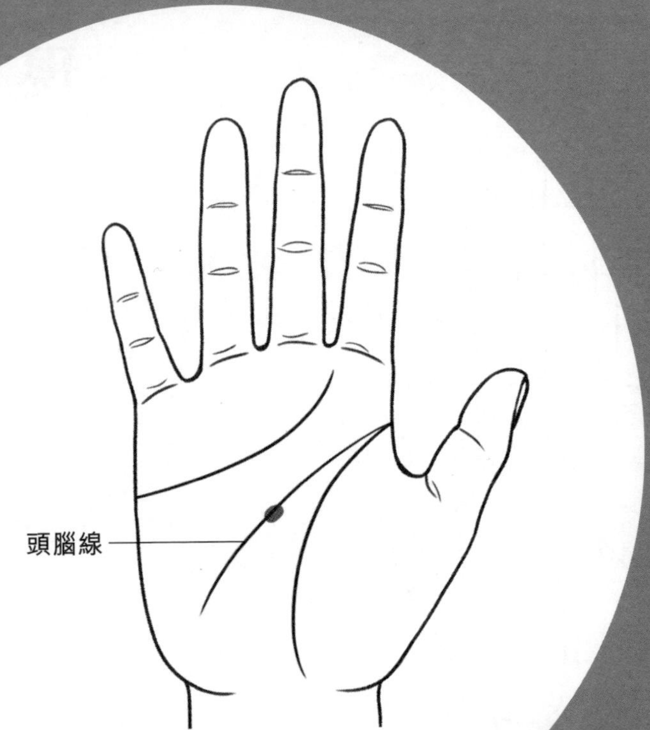

腦線傾斜下垂至太陰丘，但給很多雜亂的短線切過

腦線傾斜下垂至太陰丘，且遭很多雜亂短線切過，主有嚴重頭痛病，也有可能出現神經失常。

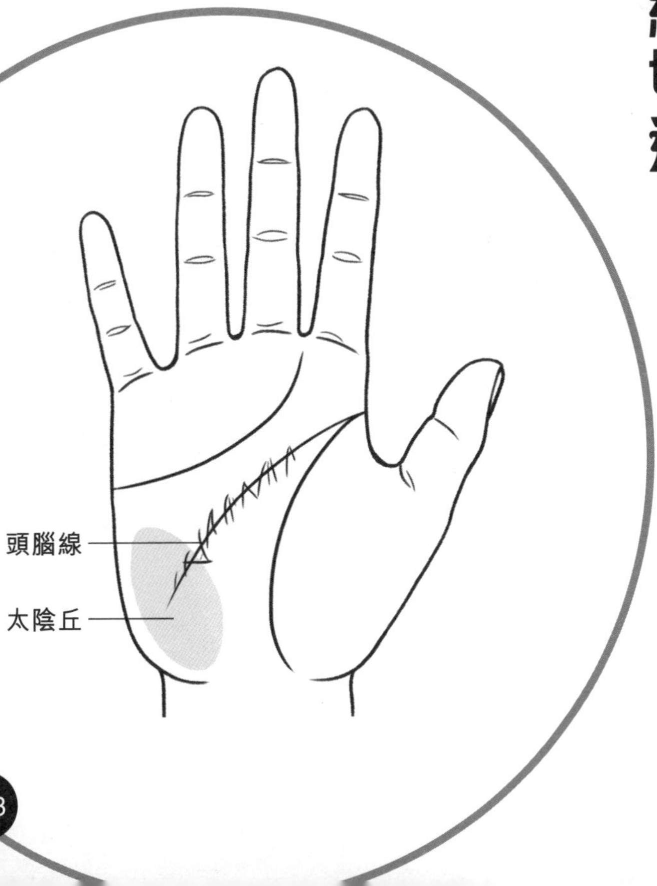

腦線有很多支線向上

這是腦線的上升線，對思考能力有幫助，即使腦線較為模糊不清，其人亦能如正常人思考。

至於腦線清晰者，則上升線代表智力運用良好，很容易在社會上獲得優勢，事業亦容易邁向成功。

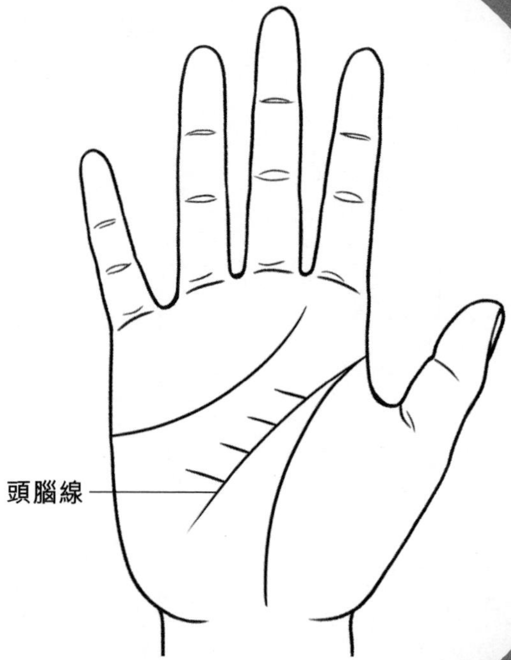

腦線當中有很多下垂之短線，其線紋相當明顯

腦線有很多下垂短線，而且線紋明顯的話，將會減弱腦線之作用，令思考容易出現問題，亦主頭痛病或神經衰弱。

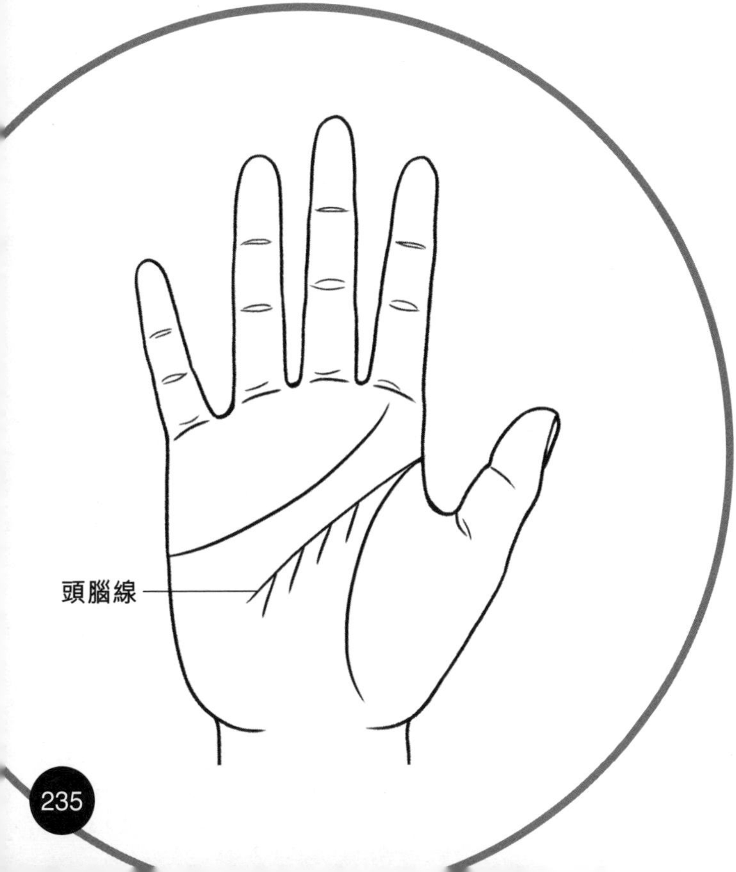

腦線當中有支線上升，觸及心線

腦線的上升支線觸及心線，在掌相學中稱為「刑剋線」，代表為人感情冷淡，不夠熱情，但亦代表意志堅定，遇事臨危不亂。

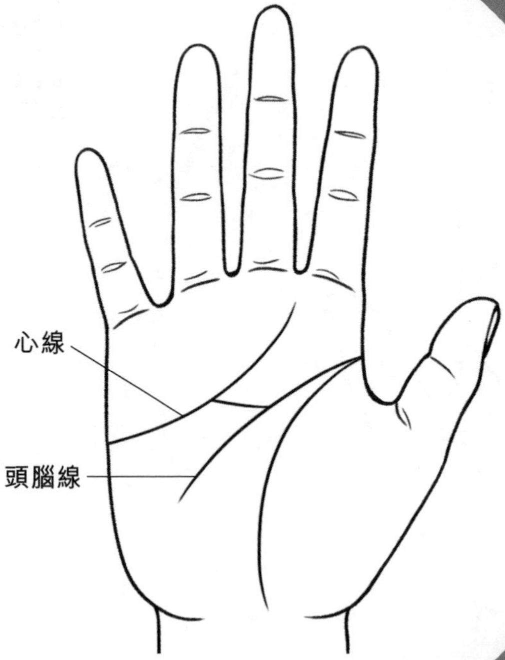

腦線當中有支線上升，穿越心線，指向太陽丘

腦線的上升支線穿越心線指向太陽丘，代表其人思考運用適當，智力過人，必能在文學或商業上得到名譽與幸運。

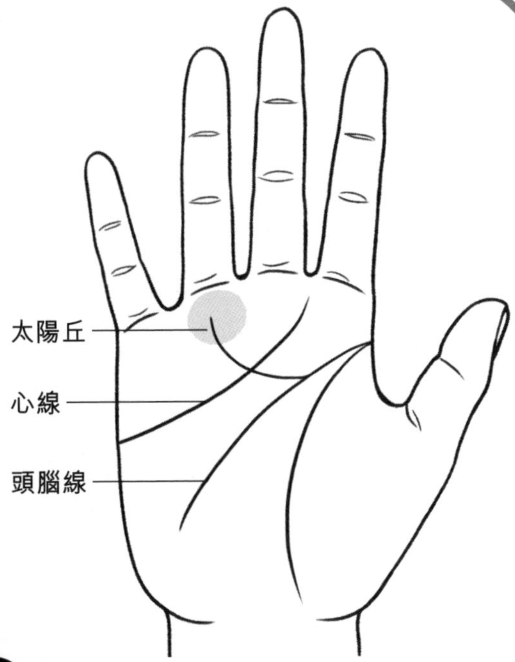

腦線末端有一支線指向水星丘

腦線末端有上升支線指向水星丘，亦是上升線，主增強腦力，尤以在科學及數學方面為甚。

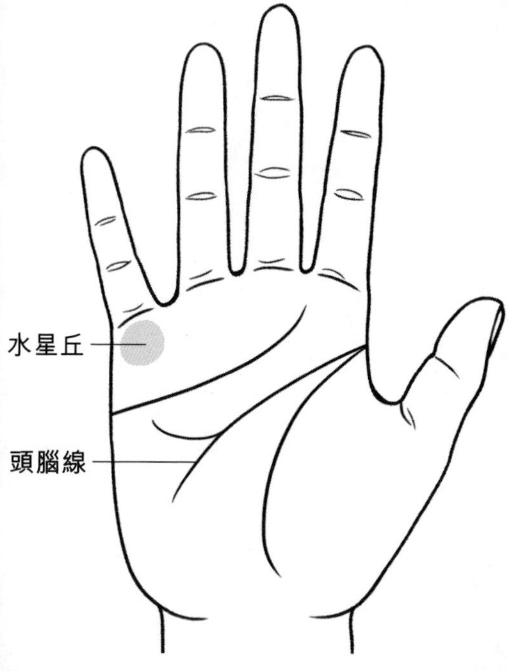

腦線在太陽指下分開，一條向上，一條向下

這是一條患得患失的頭腦線，向上代表患得，向下代表患失。

事實上，向上之腦線代表其人過分重視金錢，而向下的腦線則代表其人不重視金錢，只愛幻想。所以，有這樣的頭腦線的話，有時會過分現實，有時又會過分幻想，令到自己也不知道自己在追求甚麼。

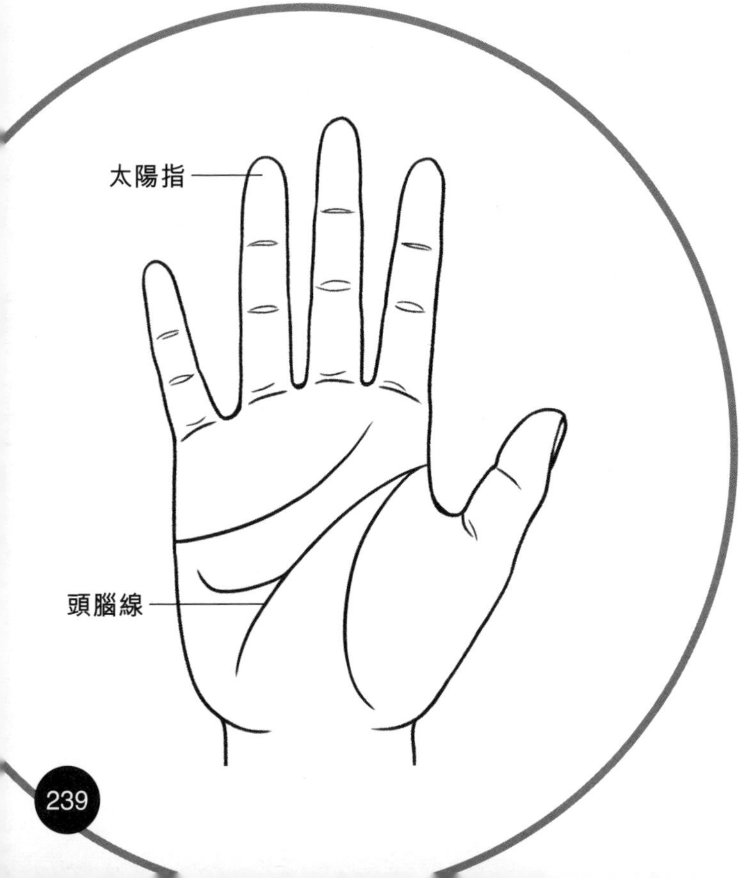

腦線在土星丘下開叉

腦線在土星丘下開叉，代表思想未成熟便開始過度思考；如分叉過早，甚至可能引致精神不能集中，腦力較早衰退，且容易出現神經衰弱。

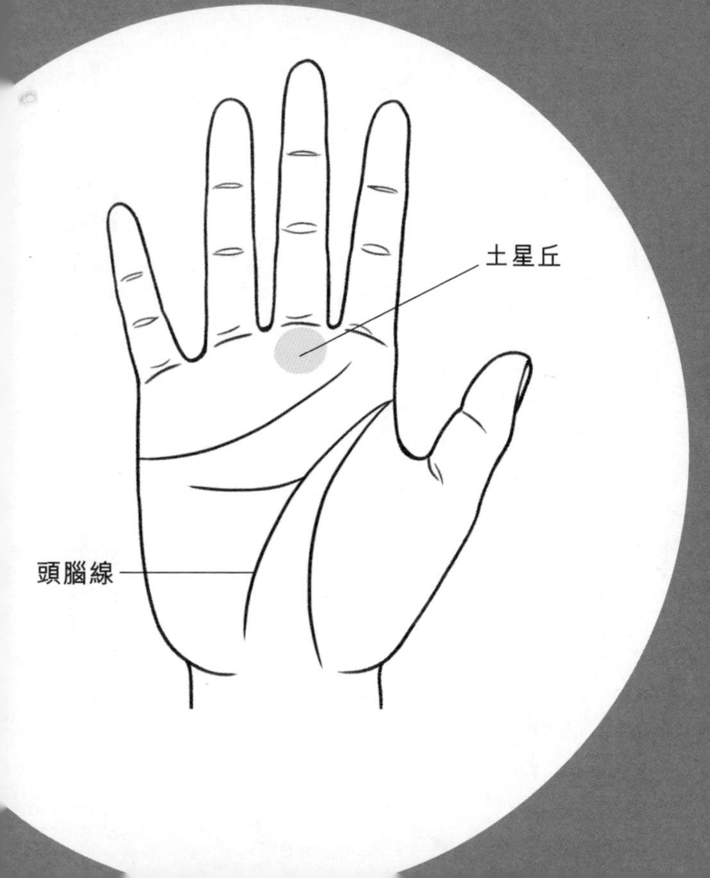

腦線在太陽丘下開叉

腦線在太陽丘下開叉，主做事實際，能作多方面思考，且帶有藝術觸覺，對古董方面有特別之鑑別能力。

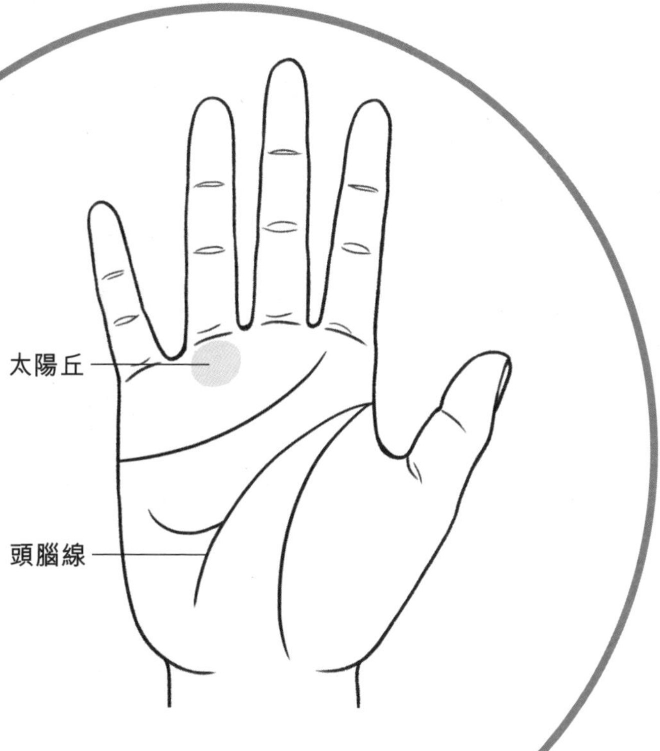

腦線在水星丘下開叉

腦線在水星丘下開叉，主其人兼具實際行動力及幻想力，分析力強，智力有過人之處，且為人思想迅速，一剎那便可以把問題想通而加以解決，有不錯的寫作才華。

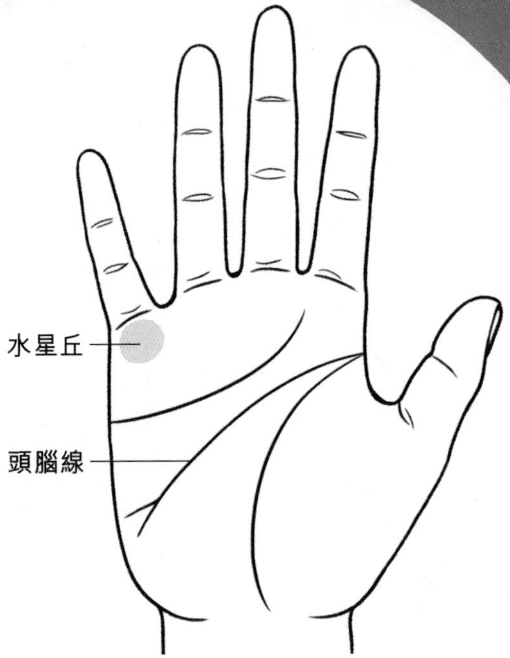

腦線下垂至太陰丘然後開叉

腦線下垂至太陰丘然後開叉，代表幻想力強，口才好，如配上良好的掌型，不難成為出色的文學家、演說家或律師；如配上劣質掌型，則是一個出色的說謊者。

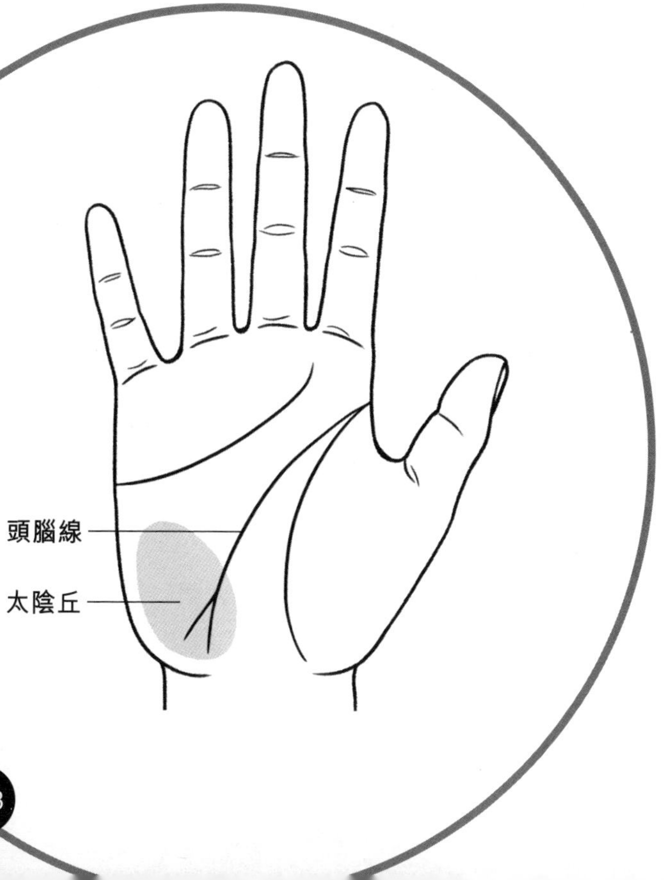

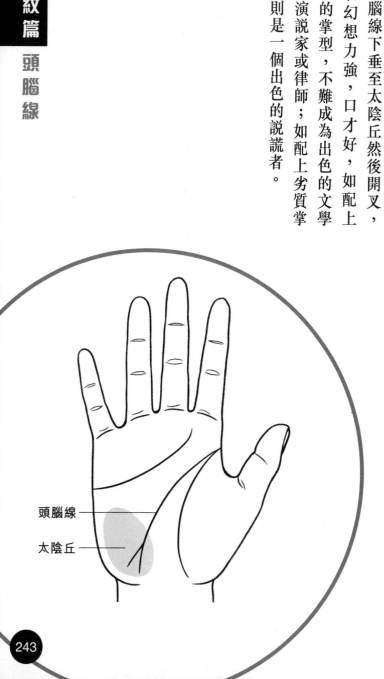

腦線本身平直，但有支線分出指向太陰丘

腦線平直，但有支線分出指向太陰丘，代表思考能力強，在數學方面有過人之處；同時，支線伸向太陰丘，亦代表有創作才華。當這兩者結合起來，不難成為一位出色的設計師或建築師。

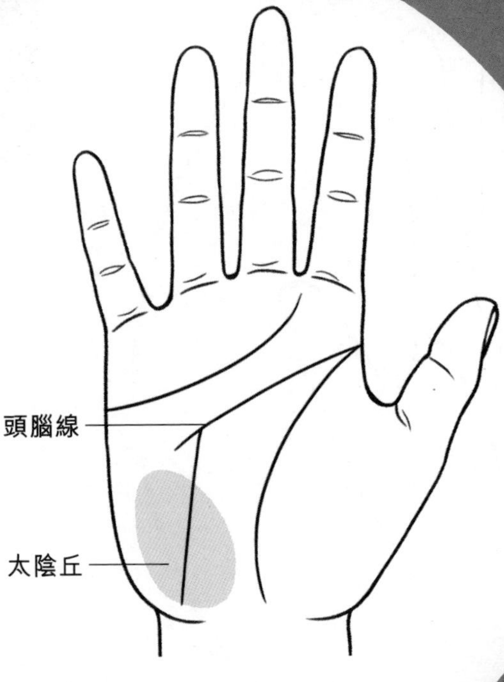

腦線成雙，平衡橫過掌中

有雙頭腦線的人，總能作多方面的思考，又頭腦線出現扶助線者，其意義與雙頭腦線相同，既代表能增強其人之思考能力，亦代表他／她較為幸運，容易承繼遺產，一生在物質上的享受是豐富的。

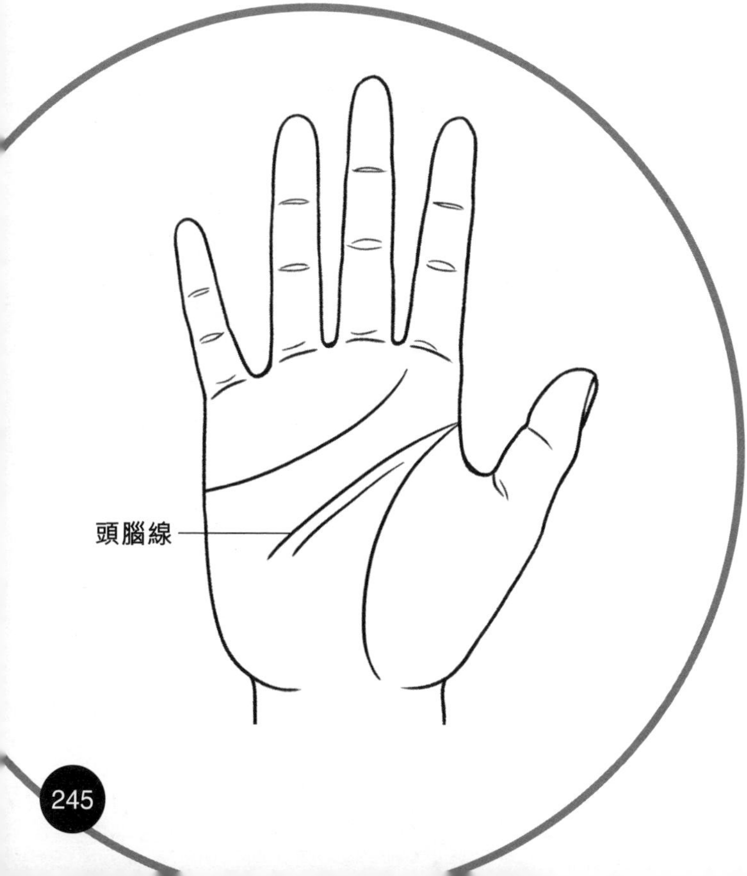

腦線末端有一支線伸出，與腦線平行而過

腦線末端有一支線伸出，與腦線平行而過者，亦為雙頭腦線，雖然不及雙頭腦線平行橫過掌中那麼好，但也是一個不錯的記號，能增強其人之腦力及藝術鑑賞能力。

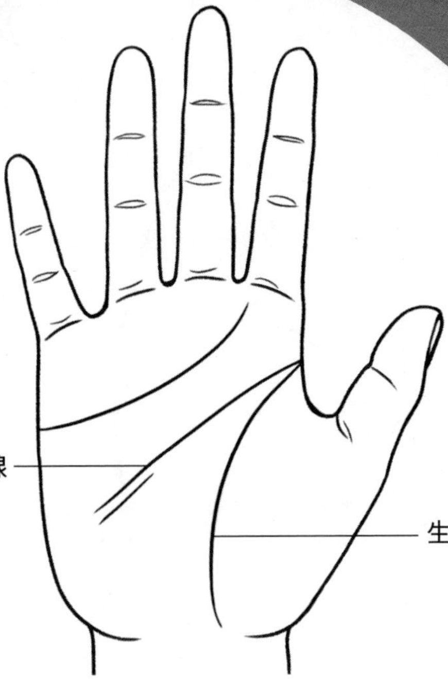

斷掌

頭腦線與感情線完全連在一起，沒有支線分出，看上去只有兩條主要線

其實，這是一條頭腦線與感情線相連的線，代表其人不是極端感情用事，便是極端理智，但在比例上，在一百個人之中，有九十九個感情用事，才有一個極端理智。

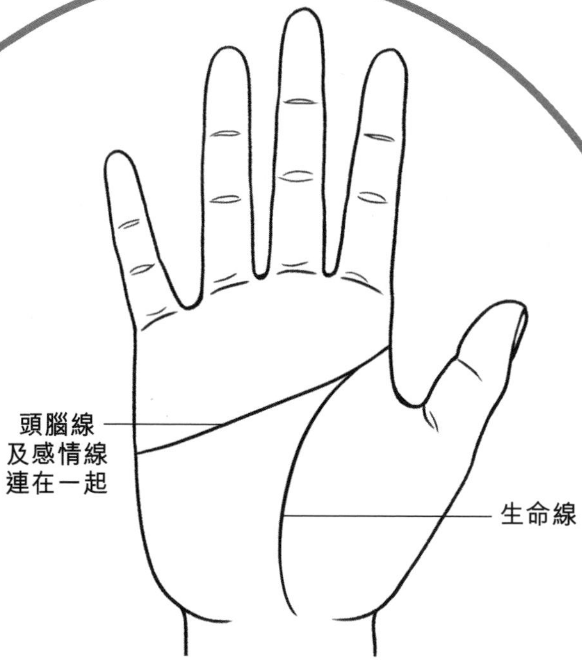

判斷斷掌時，若腦線那邊較粗，感情線那邊較幼，則其人的理智會控制感情；相反，如感情線那邊較粗，腦線那邊較幼，則感情就會控制理智。

中國人常說，斷掌的人能白手興家，又說斷掌的女性會剋夫，這其實都是不對的。

左手斷掌代表與父無緣，右手斷掌則與母無緣，左右手皆斷掌便可能代表與父母皆無緣，或要自小離家或自小往外地讀書，不一定代表父母早喪。

假斷掌

腦線與感情線相連，但腦線其實完整，其線尾清晰可見，只是感情線橫向，伸入腦線形成相連而已

這是一個感情不定的記號，其問題不在頭腦線上，而在於感情線短，再橫向伸入頭腦線而已，代表其人只重理智，不重感情，亦不肯付出感情。

早期的掌相學有說如此二線在土星丘下接觸，主因意外而死亡；在水星丘下接觸，則主早年夭亡，但以前述之定義較為準確。

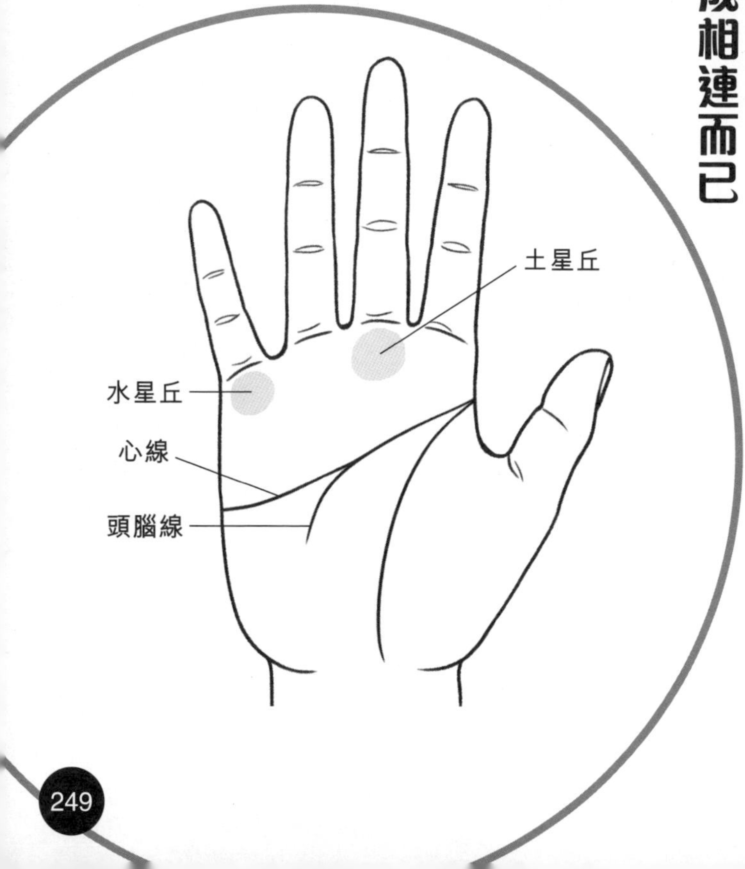

自殺掌形

掌過窄，拇指強大，中指歪曲，頭腦線傾斜下垂至太陰丘

掌過窄代表上火星丘抵抗失敗之能力較弱，中指歪曲代表情緒不穩定而又不善控制，腦線下垂代表幻想重，可能幻想死後能有更好的生活，而拇指強大則代表有決心。

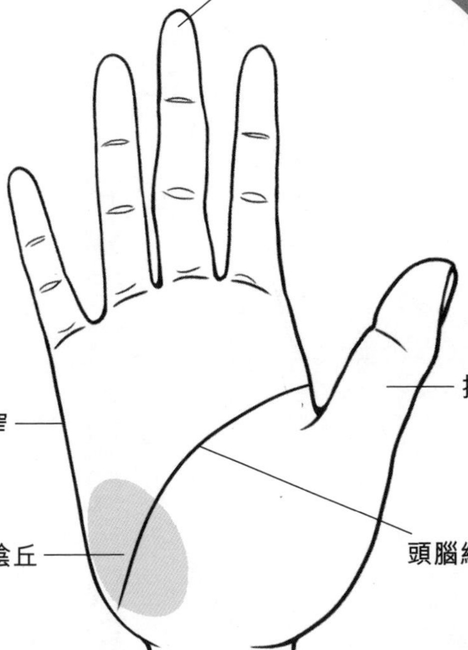

如將這幾個特點組合起來，便代表當其人遇到嚴重問題，尤其是由感情引發的事件時，他／她第一個反應將會是情緒極波動，並且難以自控；第二個階段則是由於上火星丘窄，以致缺乏抵抗逆境的能力；而第三個階段就由腦線下垂而起，屆時會出現幻想重、逃避、不想面對現實，幻想死亡能解決一切問題的思想；最後，拇指強大，主其人有強大決心去實行他／她幻想之事，最後付諸實行，自殺收場。

所以，身邊如有這樣的朋友，便要多加留意。當他／她遇到逆境或感情問題時，宜加以開解或陪伴，望能助之度過難關。

好賭博掌形

腦線下垂加上太陽指特別長，其長度差不多及土星指

太陽指長代表愛冒險，腦線下垂代表幻想重，幻想重加上愛冒險會有兩個結果——不是有藝術才華，便是愛好賭博。

當這種掌相出現在東方人手中，筆者相信十個有九個會愛好賭博，只有一個有藝術才華。

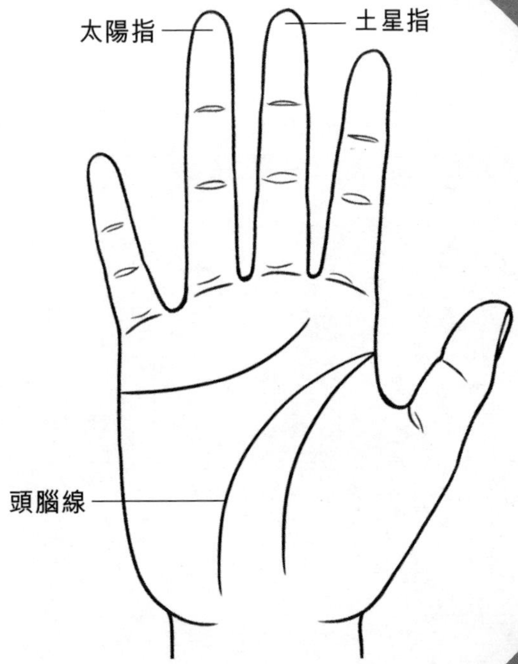

心線

心線又名「感情線」，為掌中三條主要線之一，主要掌管感情之事，以及心臟機能的健康狀況。心線起自水星丘之邊緣位置，然後橫向，線尾指向木星丘者，便屬良好。擁有良好心線的人，除了在感情上較容易得到滿足外，亦代表心臟健康狀況良好。當心臟健康良好，血液循環自然暢順，身心自然健康起來，對愛情的反應亦自然熱烈起來。相反，心臟血液循環不佳，人自然冷淡，對愛情亦相對表現得不太強烈。

心線長度以木星指與土星指之間為標準，長於此為長，短於此為短。

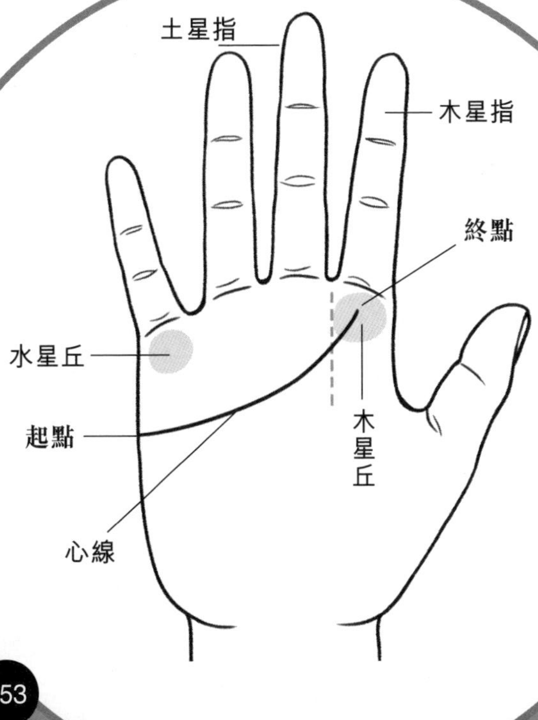

心線長度達至木星丘

這是一條良好的感情線，代表有膽付出感情，且容易接納對方之缺點，對感情看法樂觀，為人有同情心，易為愛所感動，如加上金星丘發達則更為確實。

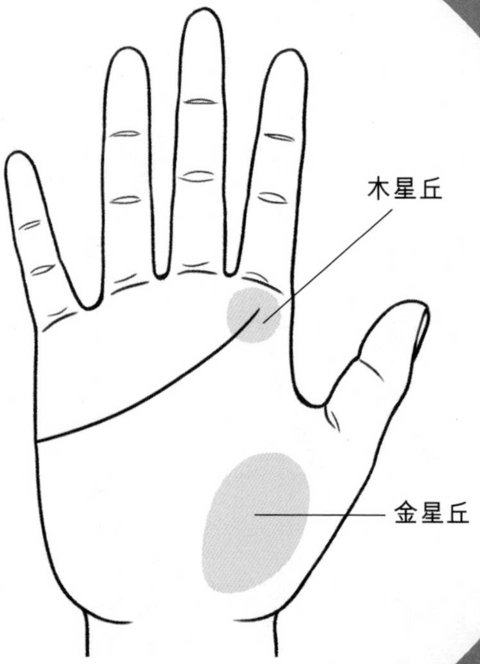

心線長度達至木星丘與土星丘之中間，且線尾向上

這是一條非常良好的感情線，代表有膽付出感情，亦容易接納對方缺點，但對配偶要求較高，使其能在朋友間有所炫耀。

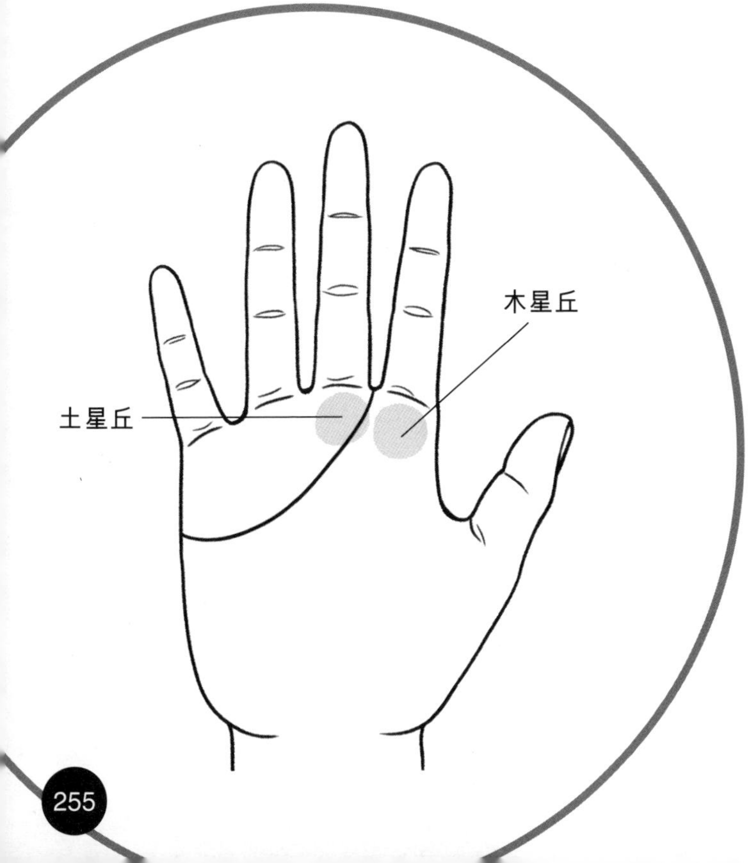

心線長度達至木星丘之掌邊位置

這是一條過長的感情線，代表其人嫉妒心重，即使配偶在街上看一眼別的異性，也會導致他／她不開心，所以與這種人相處，感情是不愉快的。

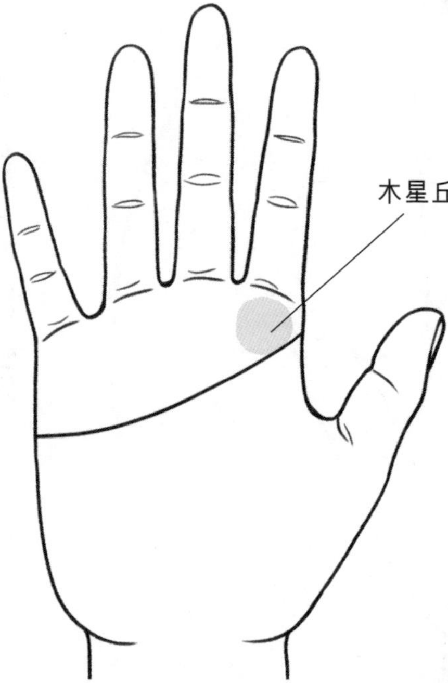

心線長度只達至土星丘

這是自私感情線，代表其人不太想付出感情，只想追求肉慾的享受。

另外，這類人追求異性之時是非常熱烈的，但交往以後又會覺得不外如是，繼而隨即生厭，馬上分手。

分手以後，他們會表現得非常無情，甚至再見面之時連打招呼也不想，可謂「愛情之偽君子」。究其原因，或許是其心線停在土星丘下，受了土星丘的孤獨、自私所影響。

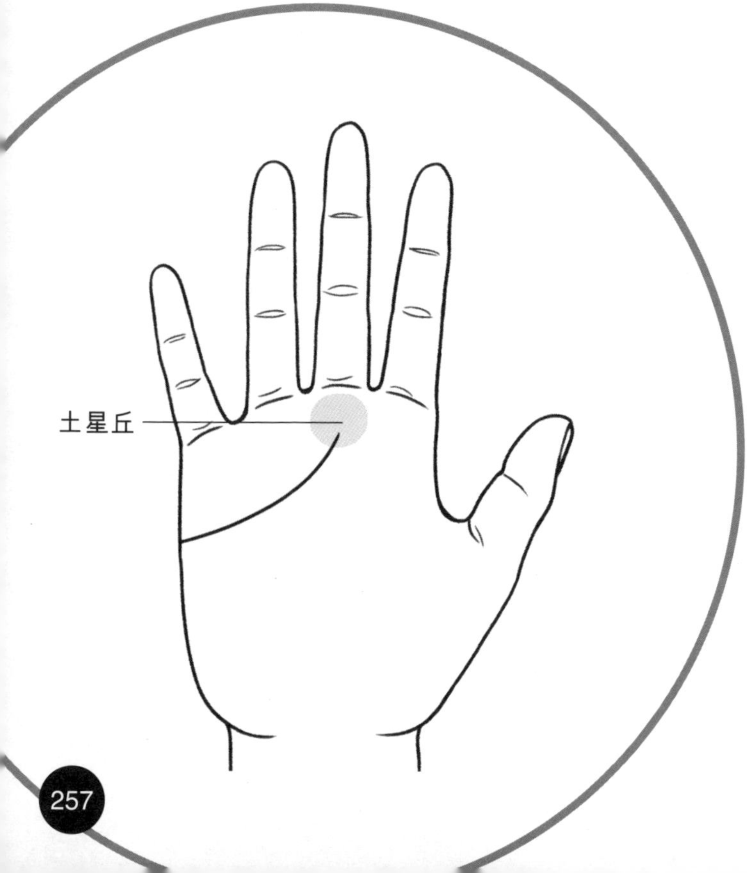

心線長度僅達土星指與太陽指中間或更短

這條線代表非常沒膽付出感情，可能在感情路上裹足不前，難免較為孤單。

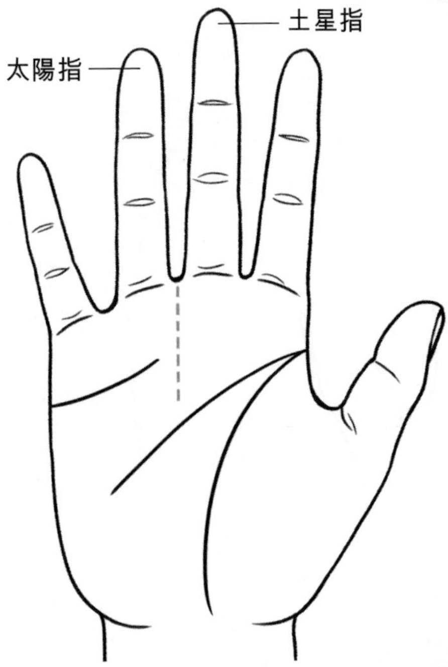

心線線尾彎入土星丘內

筆者稱此線為「死亡感情線」，因得此線者對感情完全不敢抱有希望，可說其內心感情已死。

如果出現在左手，則其人天生是這種個性；但如果出現在右手，便大多是因為其感情際遇較差，屢次失望，因而形成這種性格。

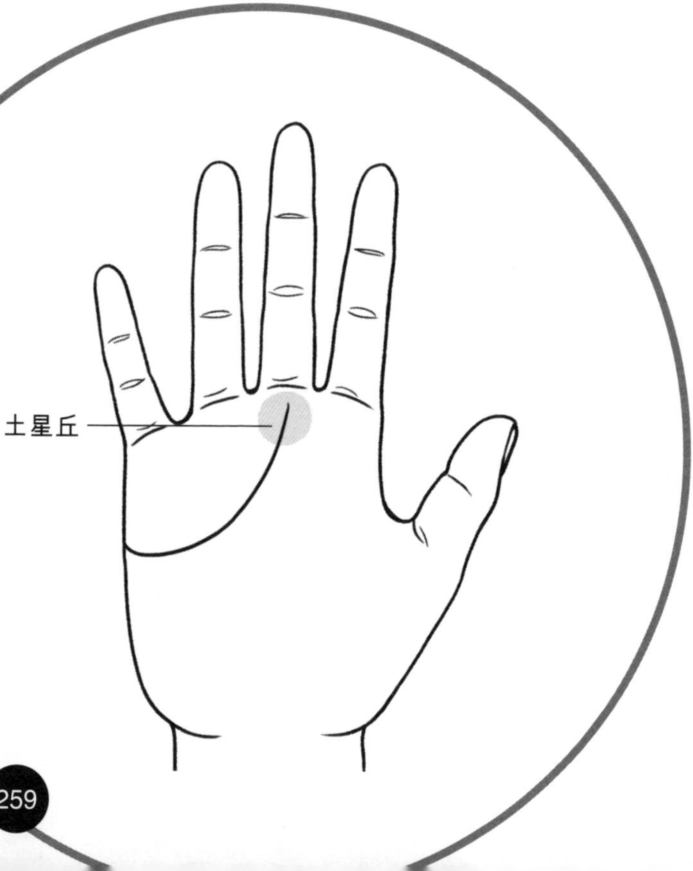

心線橫向，停在木星丘與生命線起點之中間

這是不高不低、不上不下的感情線，代表其人對感情既非失望，亦非滿意，不算是一條良好的感情線。

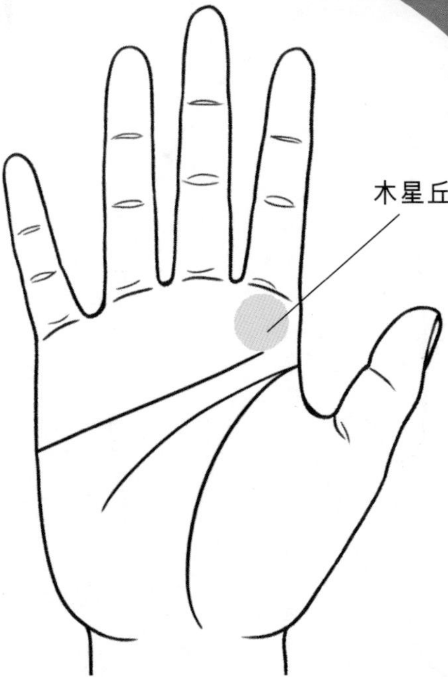

心線末端觸及生命線及腦線之起點

這是一條非常欠佳的感情線，代表眼光不夠，常常愛上一些不應愛上的對象，容易戀上有夫之婦、有婦之夫，其愛情是沒有結果的。

又這種人對愛情非常熱烈熱衷，總是不顧後果，甚至可能用殘忍的手段來克服感情的阻礙。

另外，有此種感情線的人，亦容易因感情之事而不能自拔，引致自殺行為。

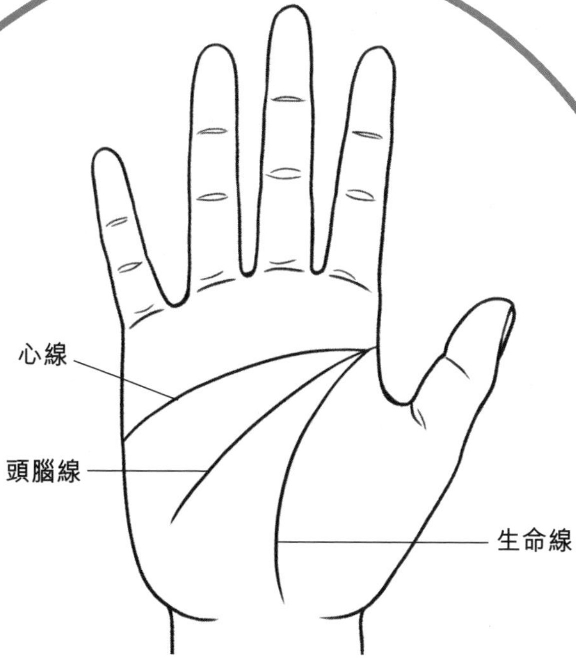

心線下垂觸及頭腦線

心線下垂觸及頭腦線者，筆者稱之為「愛情失望線」，意味着其人往往會愛上一些不應愛上的對象，且常常覺得自己的男朋友不夠別人的好。另外，這類人小時候容易暗戀老師，長大後亦容易戀上別人的伴侶。

由於其人在愛情中表現被動，不會主動解決問題，為人妒忌心又重，以致每每失戀收場。

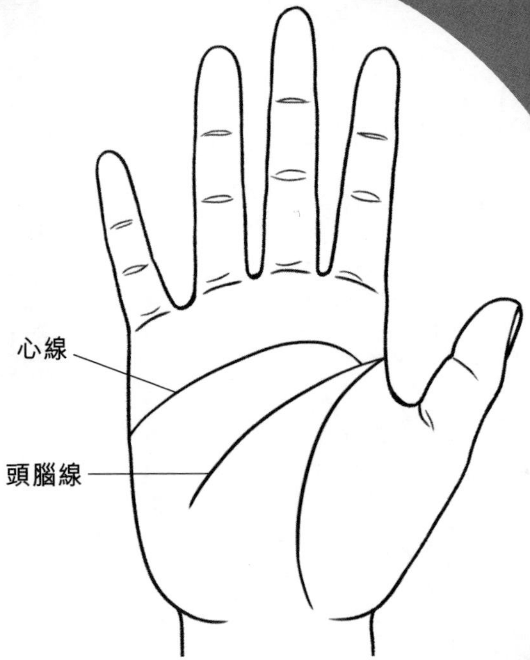

心線下垂，在土星丘下與腦線接觸

心線下垂，在土星丘下與腦線接觸，主容易情慾過度，引致精力不繼，其命運必然悲慘收場，故宜控制自己之情慾，以免令命運陷入悲慘之中。

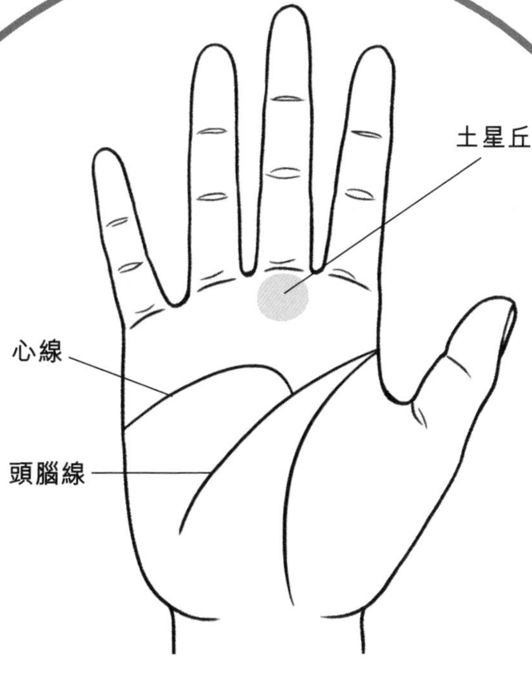

心線下垂、穿入下火星丘

下火星丘代表爭鬥，代表其人在感情上橫蠻無理，遇有爭論之時絕不會退讓一步，總要別人首先認錯，與這種人有感情交往是絕不愉快的。

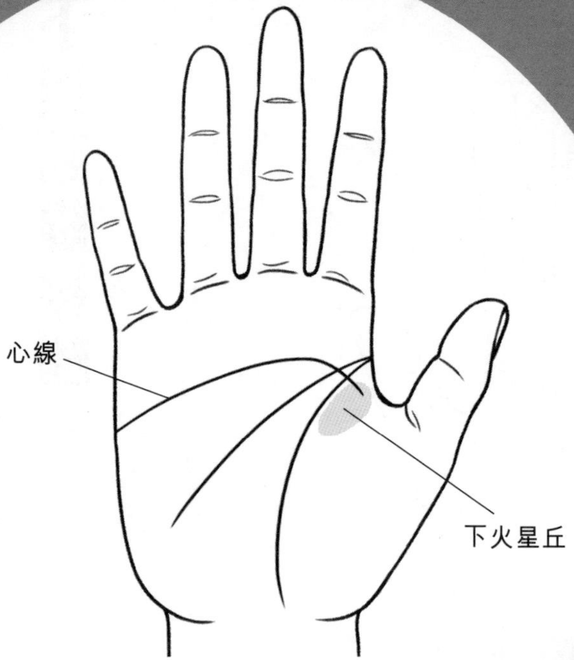

心線向上，但有支線下垂觸及頭腦線

心線有下垂支線觸及頭腦線，亦名「愛情失望線」，代表第一段感情會因第三者破壞而失敗，如果出現在先天掌則更為準確。

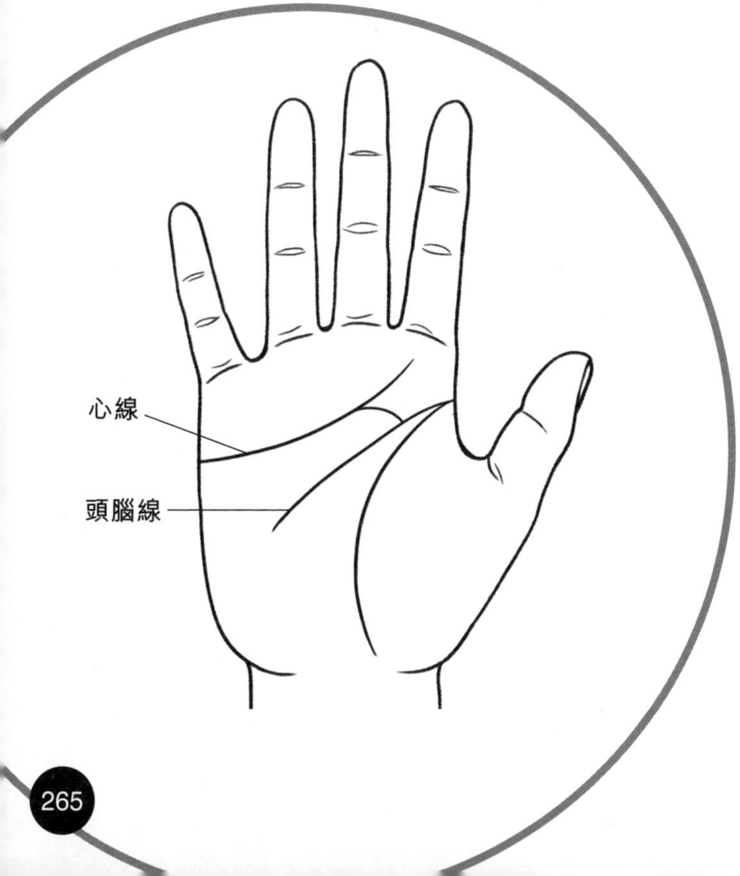

心線線尾在土星丘下分開，一條向上，一條向下

得此線者，在感情上較為極端，因向上為愛情滿足線，向下為愛情失望線，一條線向上，一條線向下，代表時而覺得滿足，時而覺得失望，難免令到另一半難以適應，畢竟一時滿口甜言蜜語，一時又冷淡對待，不免讓人感覺其人在愛情上較不忠實，甚至懷疑到底是否有第三者出現而導致這種狀況。

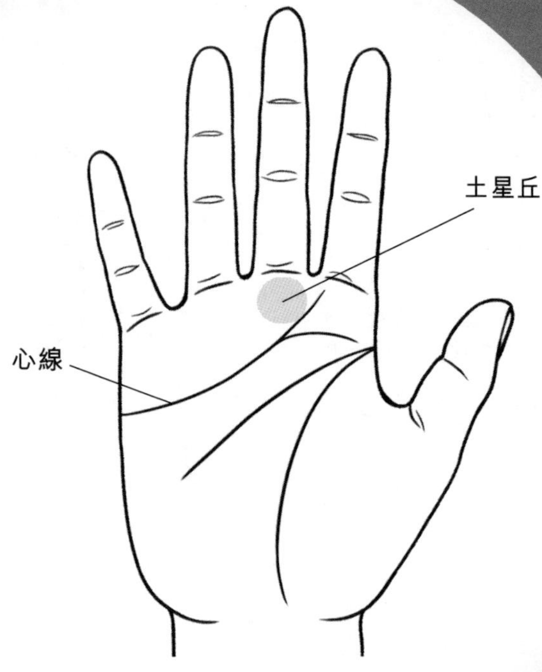

心線線尾末端呈分叉狀

心線線尾末端呈分叉狀，名為「幸福婚姻線」，代表愛情容易得到滿足，是一個很好的記號。

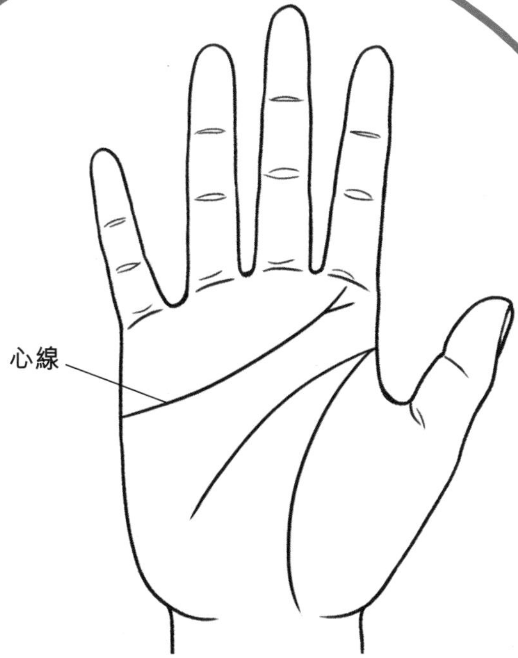

心線線尾末端部分清楚呈三叉狀

心線線尾末端部分清楚呈三叉狀，亦名為「幸福婚姻線」，代表婚後會獲得名譽、財富，亦即容易嫁個有錢人。

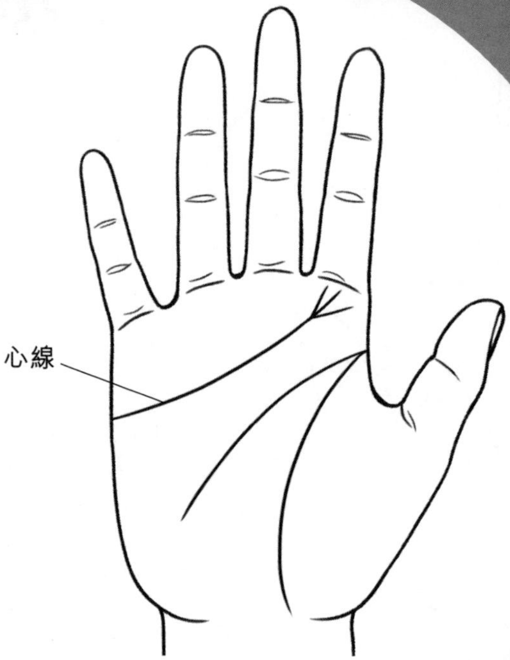

心線明顯折斷

心線折斷代表心碎，這是一個失戀的記號，如出現在左手代表三十歲前，出現在右手就代表三十歲後。

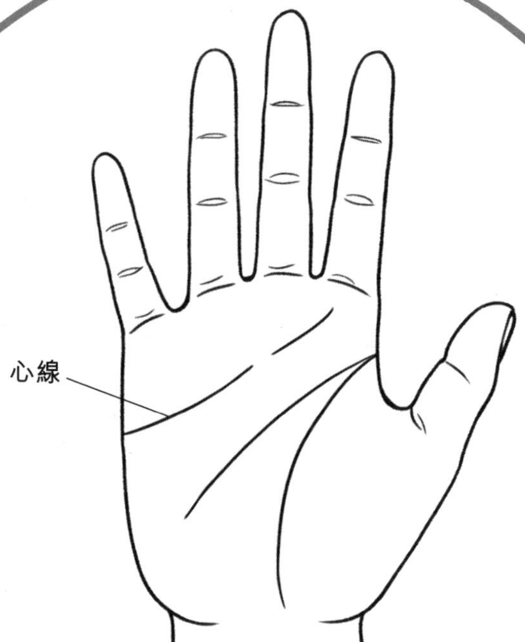

心線由多條線接疊而成

心線由多條線接疊而成，代表其人在感情上常常拿不定主意，時而喜歡這個，時而喜歡那個，亦可判斷為愛情不忠之線。

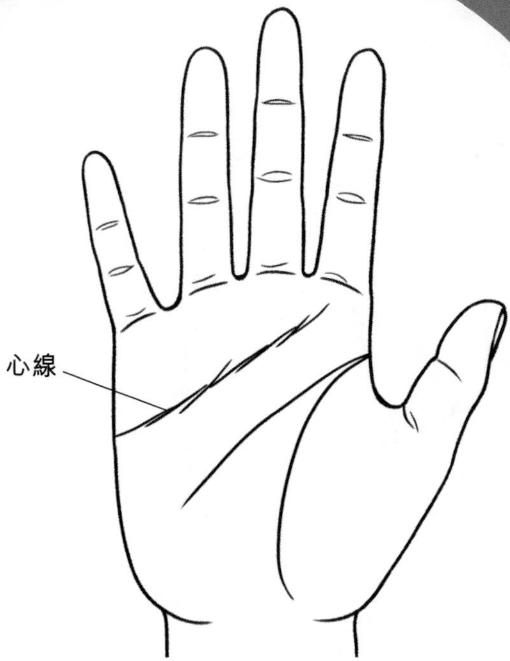

心線正常，但有很多下垂細線

此線名為「花心蘿蔔線」，要麼選來選去都不知道哪個是理想對象，要麼覺得人人都理想，不知道到底要選擇哪一個才好。不管是前者或後者，都是選來選去都不知道哪一個是理想對象，故容易予人花心的感覺，又「花心蘿蔔線」即此意也。

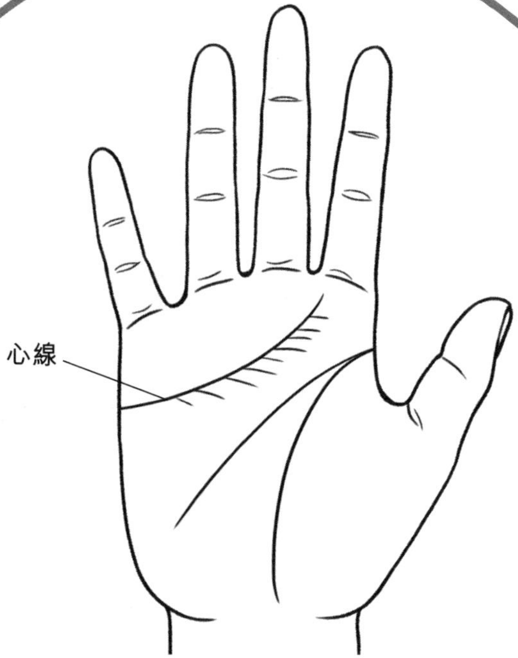

心線正常，但有數條支線下垂

此線與花心蘿蔔線有相似之處，但定義卻大大不同——

下垂的線為壞的影響線，代表對感情有壞影響，使其常受失望與失戀之創傷。如果下垂的支線深而且清，則情況更為嚴重。

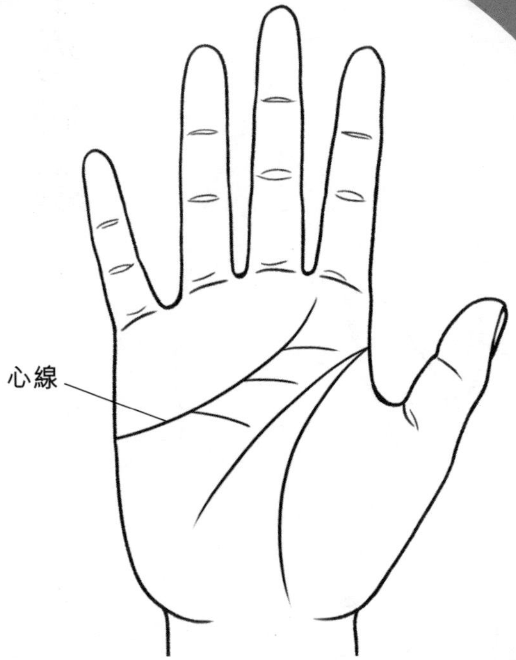

心線正常，且有很多支線向上

這是感情線的上升線，有助感情順利進行，所以是一個良好的感情記號。

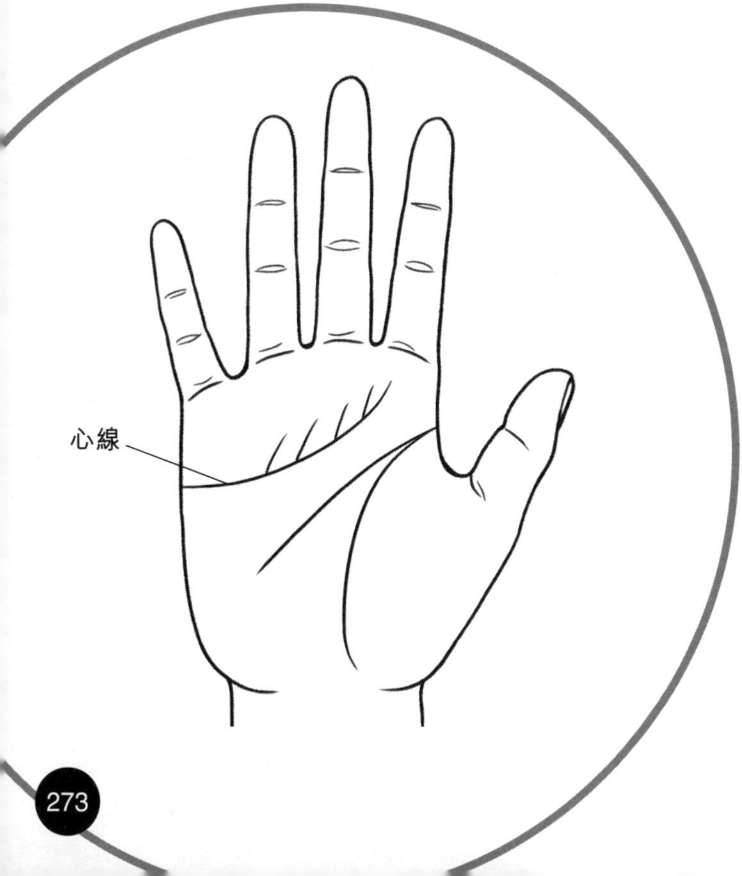

心線有支線分叉，指向土星丘

這亦是一條良好的感情線，但其人的感情會受到土星丘的影響，故會表現得較為冷靜，自我控制力強，不容易把感情表露出來。故此，與這種伴侶在一起時，自己宜主動一些。

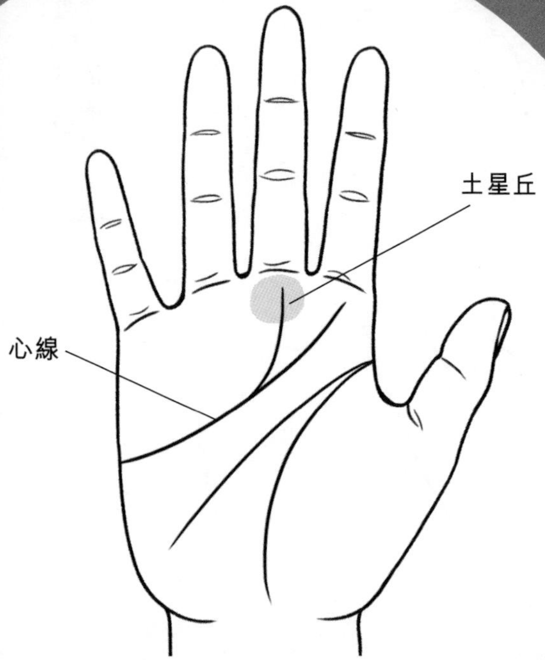

心線有支線伸出，指向太陽丘

這條支線其實是成功線，代表五十歲以後會得到成功與財富，同時愛情生活亦得到滿足。

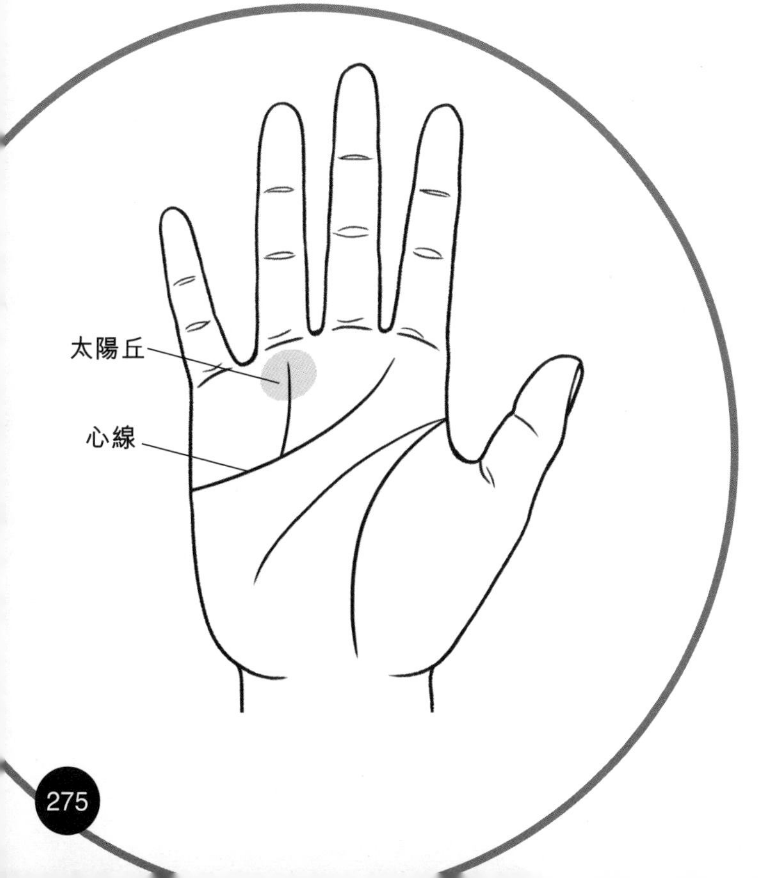

心線有支線伸出上升，趨向水星丘

水星丘代表財富，感情線有上升線趨向水星丘，代表容易在愛情方面獲得財富，且容易得異性之助。

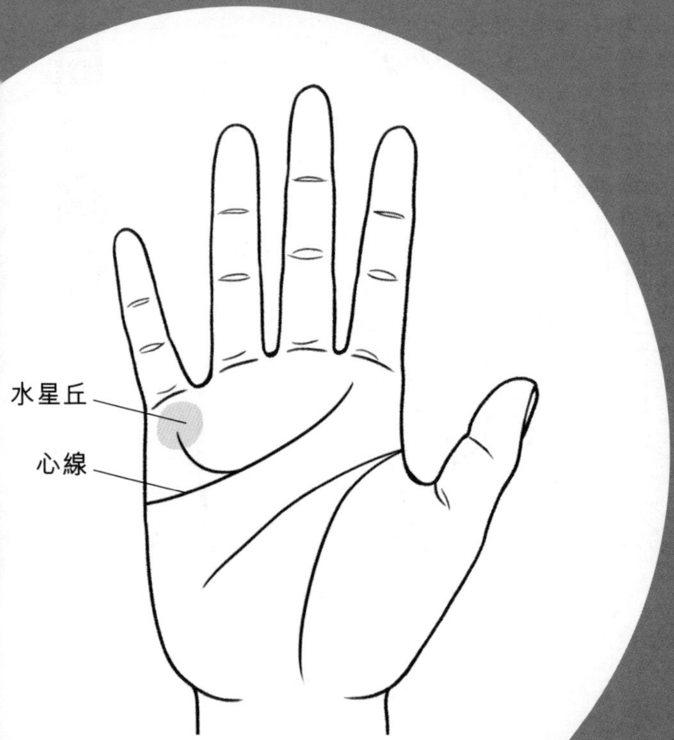

心線當中有很多垂直短線切過

心線當中有很多垂直短線切過，表示會因桃色事件而失卻幸運與快樂。

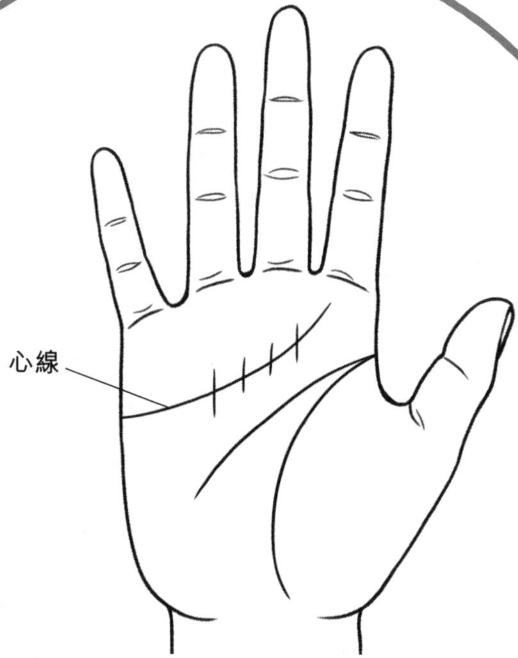

心線在土星丘上發現有島紋

心線在土星丘上發現島紋，表示其人在感情上有不可告人之事，可能戀上有夫之婦或有婦之夫，又這段感情是錯誤的，最後當然不愉快收場。

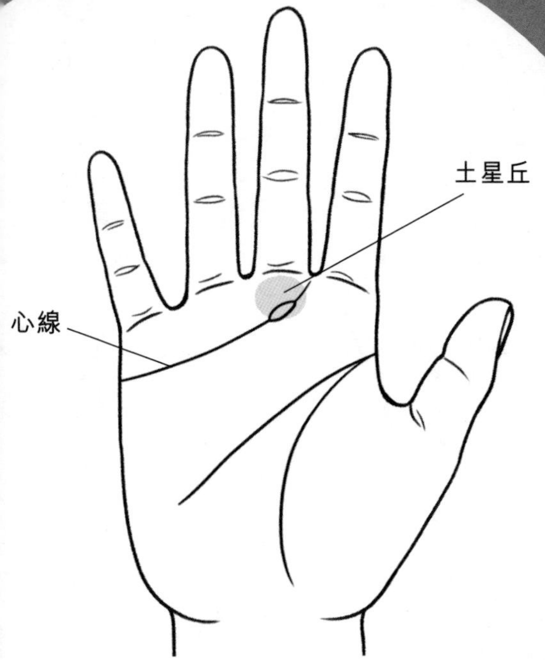

心線在土星丘下發現島紋，同時在命運線與腦線之交匯處又再出現島紋

其定義與上一幅圖一樣，只是這段不尋常關係最後被發現，且同時影響到事業，使之出現極大阻礙。

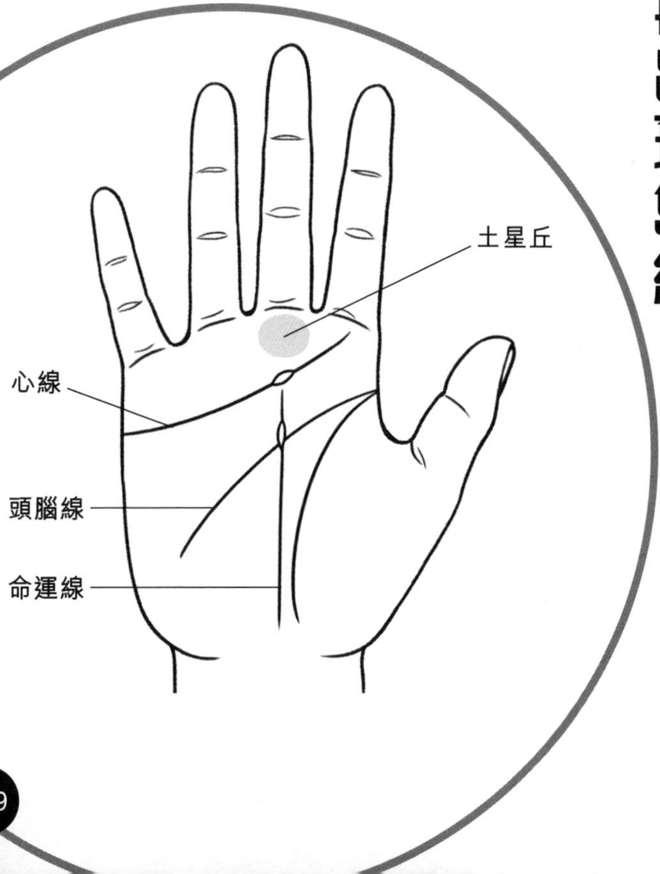

心線在太陽丘下發現有島紋

心線在太陽丘下發現有島紋，代表容易出現視力問題，與愛情之事無關。

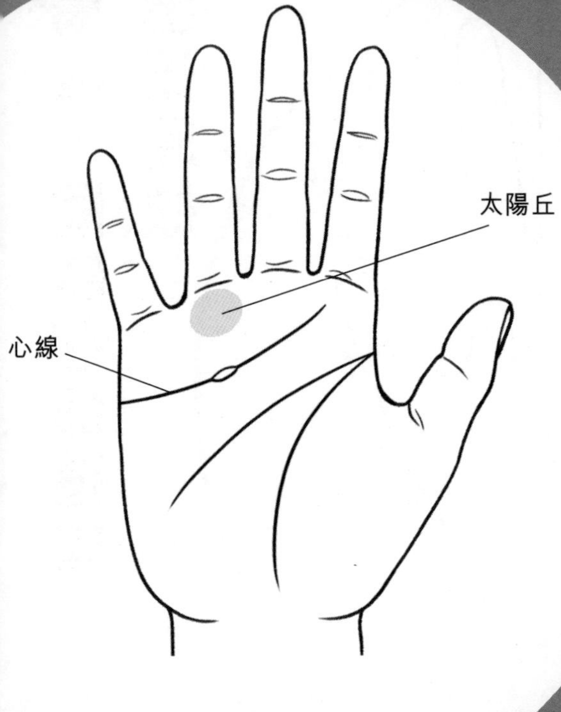

心線由島紋所組成

整條感情線由島紋組成，代表一生感情都不能夠順利進行，遇上的人不是已婚就是已有另一半，所以在選擇配偶之時，如能選擇已離婚者會較為幸福。

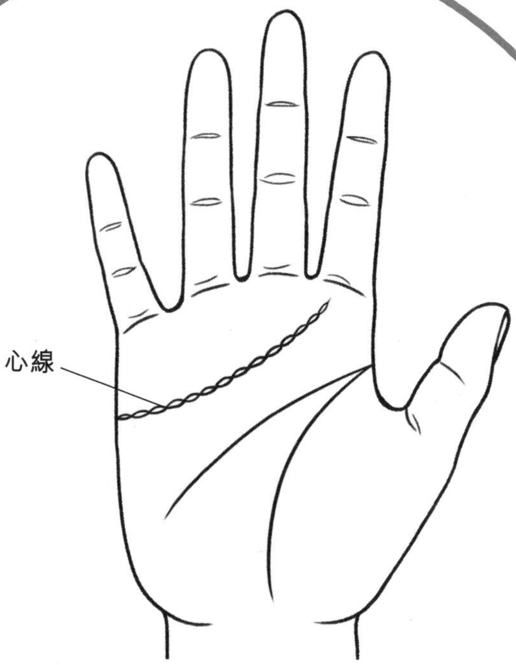

心線當中清楚有十字紋出現

心線當中清楚有十字紋出現，表示有嚴重疾病或意外事件。

事實上，這並不一定出現在自己身上，有時可能出現在配偶身上，又左手代表男方，右手代表女方。

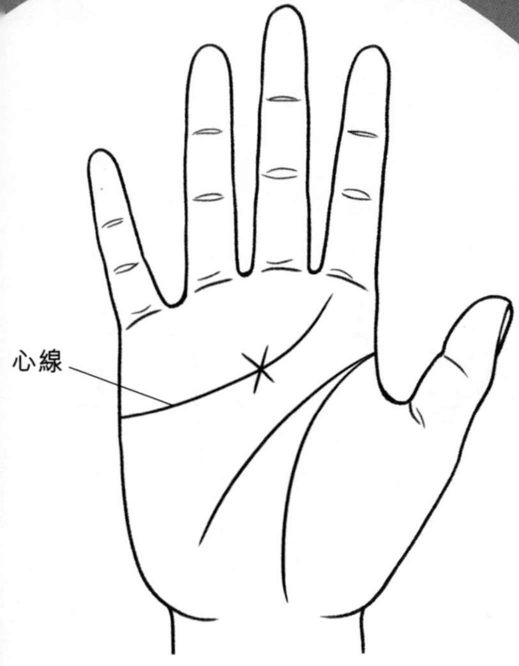

心線末端和命運線相連，會合在木星丘上

這是權力的記號，代表會通過婚姻或愛情關係而獲得權力與財富。同時，亦代表與一個有權勢的人結合。

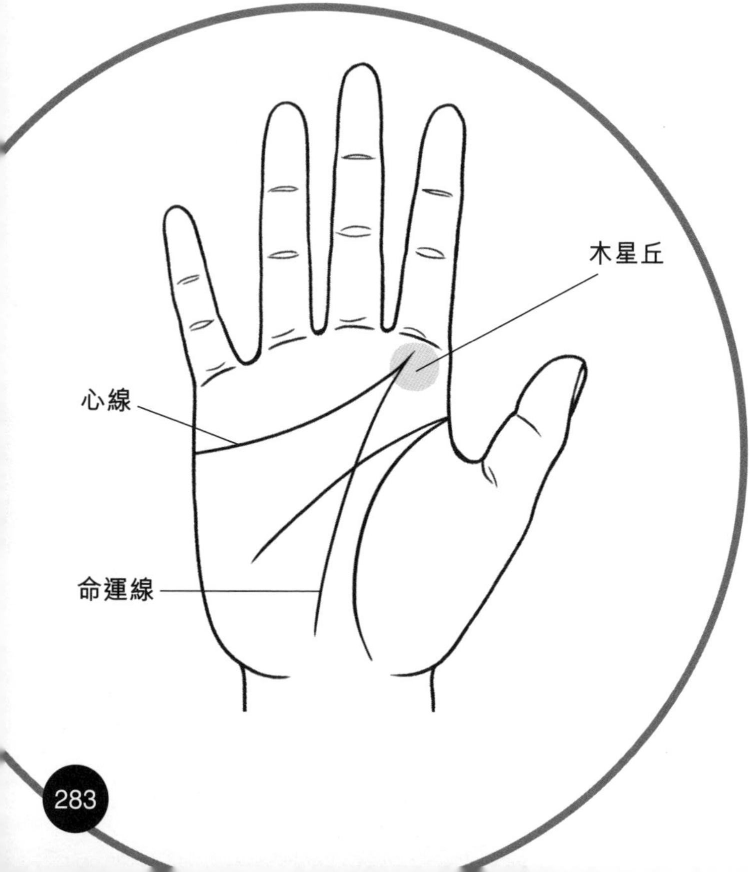

心線下有支線伸出，切過命運線

心線下伸出的支線切過命運線，又名「剋妻（夫）紋」，表示可能有喪偶之事發生，而年歲以命運線之年歲作判斷。

但這個定義在現代並不準確，可能是現代社會較太平，醫學亦較先進之故。

又此紋可稱為「神秘十字紋」，雖然不是一個獨立的十字，但亦代表其人對神鬼、命運、宗教等神秘學術有研究興趣。

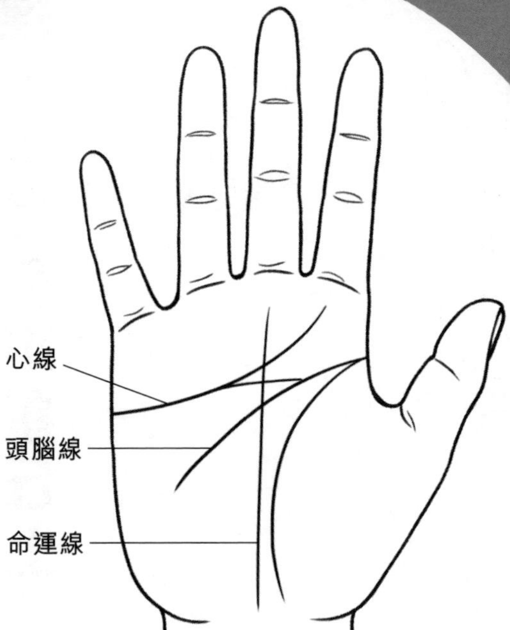

觀掌知心 掌丘掌紋篇

作者

蘇民峰

編輯

吳惠芳

美術統籌及封面設計

Amelia Loh

插畫

藝旋

出版者

圓方出版社

香港英皇道499號北角工業大廈18樓

營銷部電話：2138 7961

電話：2138 7998

傳真：2597 4003

電郵：marketing@formspub.com

網址：http://www.formspub.com

http://www.facebook.com/formspub

發行者

香港聯合書刊物流有限公司

香港新界大埔汀麗路36號

中華商務印刷大廈3字樓

電話：2150 2100

傳真：2407 3062

電郵：info@suplogistics.com.hk

承印者

中華商務彩色印刷有限公司

香港新界大埔汀麗路36號

出版日期

二Ｏ一三年二月第一次印刷

ISBN 978-988-8178-82-7

Published in Hong Kong

歡迎加入圓方出版社「正玄會」！

您了解何謂「玄學」嗎？您對「山醫卜命相」感興趣嗎？
您相信破除迷信能夠轉化為生活智慧而達至趨吉避凶嗎？
「正玄會」正為讀者提供解答之門：會員除可收到源源不斷的玄學新書資訊
享有購書優惠外，更可參與由著名作者主講的各類玄學研討會及教學課程
「正玄會」誠意徵納「熱愛玄學、重人生智慧」的讀者，只要填妥下列表格
即可成為「正玄會」的會員！

您的寶貴意見……

您喜歡哪類玄學題材？(可選多於1項)

□風水　□命理　□相學　□醫卜
□星座　□佛學　□其他＿＿＿＿

您對哪類玄學題材感興趣，而坊間未有出版品提供，請說明：

＿＿＿＿＿＿＿＿＿＿＿＿＿＿＿＿

此書吸引您的原因是：(可選多於1項)

□興趣　□內容豐富　□封面吸引　□工作或生活需要
□作者因素　□價錢相宜　□其他＿＿＿＿

您如何獲得此書？

□書展　□報攤/便利店　□書店(請列明：＿＿＿＿)
□朋友贈予　□購物贈品　□其他＿＿＿＿

您覺得此書的書價：

□偏高　□適中　□因為喜歡，價錢不拘

除玄學書外，您喜歡閱讀哪類書籍？

□食譜　□小說　□家庭教育　□兒童文學　□語言學習　□商業創富
□兒童圖書　□旅遊　□美容/纖體　□現代文學　□消閒
□其他＿＿＿＿

成為我們的尊貴會員……

姓名：＿＿＿＿＿＿＿＿　□男 / □女　□單身 / □已婚
職業：□文職　□主婦　□退休　□學生　□其他＿＿＿＿
學歷：□小學　□中學　□大專或以上　□其他＿＿＿＿
年齡：□16歲或以下　□17-25歲　□26-40歲　□41-55歲　□56歲或以上

聯絡電話：＿＿＿＿＿＿＿＿　電郵：＿＿＿＿＿＿＿＿

地址：＿＿＿＿＿＿＿＿＿＿＿＿＿＿＿＿

請填妥以上資料，剪出或影印此頁黏貼後寄回：香港英皇道499號北角工業大廈18樓
「圓方出版社」收，或傳真至：(852) 2597 4003 ，即可成為會員！

*所有資料只供本公司參考

請填妥後對摺，黏貼後即可直接郵寄 謝謝

請貼郵票

寄

香港英皇道499號
北角工業大廈18樓
「圓方出版社」收

請填妥後對摺，黏貼後即可直接郵寄 謝謝